C.H.BECK **WISSEN**

in der Beck'schen Reihe

Die Zehn Gebote gehören zu den bekanntesten Texten der Bibel. Sie haben in der Kulturgeschichte tiefe Spuren hinterlassen. Ihnen verdanken sich unser Wochenrhythmus und der wöchentliche Ruhetag. Bis heute berufen sich Politiker auf dieses Grundgesetz der Menschheit. Matthias Köckert erklärt anschaulich, wie die Zehn Gebote entstanden sind und was ihr ursprünglicher Sinn war, und beschreibt ihre Wirkungsgeschichte in Judentum, Christentum und Islam.

Matthias Köckert, geb. 1944, ist Professor für Altes Testament an der Humboldt-Universität zu Berlin.

Matthias Köckert

DIE ZEHN GEBOTE

Verlag C. H. Beck

*Für meine Kinder
Charlotte, Ulrike und Hansjochen*

Mit 4 Abbildungen

Originalausgabe
© Verlag C. H. Beck oHG, München 2007
Gesamtherstellung: Druckerei C. H. Beck, Nördlingen
Umschlagabbildung: Joos van Gent, Mose mit den Zehn Geboten
(Ausschnitt), Paneele im Palazzo Ducale in Urbino, 15. Jahrhundert
Umschlagentwurf: Uwe Göbel, München
Printed in Germany
ISBN 978 3 406 53630 4

www.beck.de

Inhalt

1. **Einführung:**
   Die Zehn Gebote als Erbe unserer Kultur 7

2. **Viele «Satzungen», aber nur «Zehn Worte»:**
   Besonderheiten der Zehn Gebote 14
   Erzählte Einzigartigkeit 15
   Die Zehn Worte und das Recht 19
   Kundgabe Gottes statt Gesetze des Königs 22

3. **Zehn Worte auf zwei Tafeln:**
   Zählung und Komposition 26
   Verschiedene Weisen, bis zehn zu zählen 28
   Exodus 20: Bewahrung der Freiheit durch Bindung an Gott
   und den Mitmenschen 35
   Deuteronomium 5: Feier der Freiheit im wöchentlichen
   Ruhetag des Sabbats 36

4. **Von der Gottesrede am Sinai zu Moses Abschiedsrede:**
   Doppelüberlieferung und Entstehung der Reihe 38
   Zwei Fassungen und ihr Verhältnis zueinander 38
   Eine Kurzbiographie des Dekalogs 40

5. **Die Zehn Worte:**
   Ursprünglicher Sinn und Bedeutung 44
   Ich bin Jhwh, dein Gott 44
   Du sollst nicht andere Götter haben an meiner statt 48
   Du sollst dir kein (Kult-)Bild (von mir) machen 55
   Du sollst den Namen Jhwhs, deines Gottes, nicht zum Trug
   aussprechen 65
   Gedenke des Sabbattages, ihn zu heiligen 68
   Ehre deinen Vater und deine Mutter 73

Du sollst nicht töten 75
Du sollst nicht ehebrechen 78
Du sollst nicht stehlen 79
Du sollst nicht gegen deinen Nächsten aussagen
als Falschzeuge 81
Du sollst nicht trachten nach 83

6. Das «Grundprinzip der Tora»:
Jüdische Deutungen 84
Das zehnte Gebot der Samaritaner 85
Der Dekalog in der Septuaginta 88
Philo und das hellenistische Judentum 89
Frömmigkeit und Gottesdienst 92

7. Das «natürliche Gesetz»:
Der Dekalog in der Alten Kirche 95
Die Zehn Gebote im Neuen Testament 95
Der Dekalog vor Konstantin 98
Katalog der «Pflichten» oder «Gesetz der Gnade» 101
Vom Sabbat zum Sonntag 105

8. Der «rechte Weg»:
Spuren der Zehn Gebote im Koran 108
Mose und das Gesetz im Koran 108
Die Gebotsreihen und ihre Adressaten 109

9. «Handwerksregeln» eines Christen:
Die Zehn Gebote bei Luther 113

10. Epilog:
Zehn Gebote, Menschenrechte und
Menschenpflichten 117

Nachweise der Zitate 122
Literaturhinweise 126
Bildnachweis 127
Die beiden Fassungen des Dekalogs 128

1. Einführung:
Die Zehn Gebote als Erbe unserer Kultur

Weniges aus dem Fundus jüdisch-christlicher Überlieferung hat die abendländische Kultur bis heute so geprägt wie die Zehn Gebote. Sie sind wahrscheinlich neben der Weihnachtsgeschichte aus dem Lukasevangelium der bekannteste Text der Bibel, auch wenn immer weniger Menschen ihren Wortlaut oder gar ihren ursprünglichen Sinn kennen. Immerhin, die meisten kennen sie wenigstens noch dem Namen nach. Wirklich bekannt sind vor allem die Gebote, die das Verhältnis zum Nächsten betreffen, allen voran: «Du sollst nicht töten!»

Gewöhnlich identifiziert man das «Du sollst ...!» und mehr noch jenes «Du sollst nicht ...!» mit dem, was man für jüdisch-christliche Moral hält, und rümpft die Nase über ihren vermeintlich repressiven Charakter. Doch sagt der repressive Gebrauch noch nichts über die Zehn Gebote selber aus. Vor vorschnellen Urteilen können Einsichten in den ursprünglichen Sinn der Reihe und einige Blicke in deren Wirkungsgeschichte bewahren.

Den schärfsten Widerspruch gegen die Zehn Gebote haben die Nationalsozialisten eingelegt, wenn man Hermann Rauschning glauben darf. Er berichtet 1943 von einer Unterhaltung Hitlers mit dessen Chefideologen Goebbels und anderen Vertrauten in der Reichskanzlei, in deren Verlauf man auch auf die Zehn Gebote zu sprechen kam. Hitler kann sie nur als «Perversion unserer gesundesten Instinkte» und als «Peitsche eines Sklavenhalters» wahrnehmen. «Dieses teuflische ‹Du sollst, du sollst!›. Und dieses dumme ‹Du sollst nicht!›. Er muß heraus aus unserem Blut, dieser Fluch vom Berge Sinai! Dieses Gift, mit dem sowohl Juden wie Christen die freien, wunderbaren Instinkte des Menschen verdorben und beschmutzt und sie auf das Niveau hündischer Furcht herabgedrückt haben.» Hitler kündigt an, der Tag werde kommen, an dem er «gegen diese Gebote die Tafeln eines neuen Gesetzes aufrichten werde», und er ist davon überzeugt, dass «die Geschichte» dereinst die nationalsozialistische Bewegung «als die große Schlacht für die Befreiung der Menschheit ... vom Fluche des Sinai» rechtfertigen werde. «Dagegen kämpfen wir: gegen den masochistischen Geist der Selbstquälerei, gegen den Fluch der sogenannten Moral, die man zum Idol gemacht hat, um die Schwachen vor den Starken zu schützen, angesichts des ewigen Gesetzes des Kampfes, des großen Gesetzes der göttlichen Natur. Gegen die sogenannten Zehn Gebote kämpfen wir.»

Mit den Zehn Geboten steht mehr auf dem Spiel als lediglich die Sondermoral einer gesellschaftlichen Randgruppe. Zu Recht gelten sie als universales Sittengesetz, gültig zu allen Zeiten und an jedem Ort. Das haben die Nazis durchaus gespürt und sie gerade deshalb verachtet. Thomas Mann hat Hitlers Verachtung der Zehn Gebote als Schändung der Humanität begriffen, denn in ihnen erkennt er die «Quintessenz des Menschenanstands», wie er formuliert. Deshalb war er im amerikanischen Exil bereit, den ersten Beitrag in einem Buch mit dem Titel *The Ten Commandments* zu übernehmen, zu dem der aus Wien stammende Literaturagent Armin L. Robinson neben Thomas Mann noch neun andere Autoren um Mitarbeit gebeten hatte, darunter Sigrid Undset und Franz Werfel. Thomas Mann schrieb dafür 1943 in wenigen Monaten jene Novelle, die in der englischen Version unter dem Titel des ersten Gebots «Du sollst keine anderen Götter haben neben mir» lief und ein Jahr später auf Deutsch mit dem Titel *Das Gesetz* separat in Stockholm erschien. In ihr erzählt er die Geschichte von der Entstehung der Zehn Gebote als eine Geschichte der Menschwerdung des Menschen durch die Ausbildung dessen, was er «Menschenbenehmen» nennt. Die Zehn Gebote sind dessen Alphabet. Dem Anlass des Auftragswerkes entsprechend stellt er darin «das Ewig-Kurzgefaßte, das Bündig-Bindende, Gottes gedrängtes Sittengesetz» der Barbarei des Nationalsozialismus entgegen. Denn die Zehn Gebote sind nichts Geringeres «als Grundweisung und Fels des Menschenanstandes unter den Völkern der

Erde». Mag Gottes Rede auch an Israel gerichtet sein, so ist sie doch «ganz unwillkürlich eine Rede für alle», so dass jeder Mensch «wohl weiß, die Worte gelten». Die Erzählung spielt am Schluss auf die von Rauschning überlieferten blasphemischen Äußerungen Hitlers an, die damals als authentisch galten, und endet ganz folgerichtig mit einem Fluch aus Moses Mund: «Aber Fluch dem Menschen, der da aufsteht und spricht: ‹Sie gelten nicht mehr.›» Moses Hörer nehmen ihn auf: «Und alles Volk sagte Amen.» In ihn sollen auch die Leser der Novelle und mit ihnen «eine der Religion und Humanität noch anhängliche Welt» einstimmen.

Dieses Verständnis der Zehn Gebote als universales Grundgesetz der Menschheit hatte mehr als 400 Jahre vor Thomas Mann schon Lucas Cranach 1516 in einem großen Wandbild für den Gerichtssaal des Rathauses in Wittenberg gestaltet. Zehn Bildfelder stellen jeweils ein Gebot in den Alltag der Zeit. Alle Felder aber werden durch einen großen Bogen verbunden, der an den «Bogen in den Wolken» nach der Sintflut in Gen 9 als Gottes Friedenszeichen für alle Menschen erinnert. Durch den Regenbogen erscheinen die Zehn Gebote für Israel hier geradezu als Grundordnung für die gesamte Menschheit nach der Flut. Am ursprünglichen Ort des Bildes, dem Wittenberger Gerichtssaal, führen sie jedem das «Grundgesetz» vor Augen, das den Gesetzen zugrunde liegt, nach denen hier Recht gesprochen wird. Ähnlich mögen Ende des 19. Jahrhunderts die Bremer Stadtväter gedacht haben, als sie die Zehn Gebote in goldenen Lettern auf der Fassade ihres Landgerichts über dem Hauptportal anbringen ließen. Sie befinden sich an den äußeren Fensterbrüstungen des Saales, in dem das Schwurgericht tagt. Nachdem die Nazis die Macht übernommen hatten, mussten die Zehn Gebote 1936 von der Fassade verschwinden. Doch einige «der Religion und Humanität noch anhängliche» Bürger Bremens sorgten dafür, dass die Mosaiken lediglich mit steinernen Tafeln verdeckt wurden. Deshalb können sie auch heute noch auf zehn Feldern zwischen den Fenstern von allen gelesen werden, die hier Recht suchen und Recht sprechen.

Aber täuschen wir uns nicht, die Zehn Gebote sind gegenwärtig keineswegs unumstritten, wenn auch aus ganz anderen Gründen. Der Streit entbrennt weniger an ihrer Herkunft oder ihrem Inhalt, sondern an der Möglichkeit, sie als Symbole jüdischer wie christlicher Religion zu deuten. Als solche scheinen sie im Kontext eines weltanschaulich neutralen und säkularen Staates keinen Platz zu haben. Jedenfalls meinen das viele Bürger der Vereinigten Staaten von Amerika und gehen auf unterschiedliche Weise gegen sie vor. Die einen übermalen entsprechende Monumente vor öffentlichen Gebäuden mit dem Hinweis «Not on public land». Andere führen Prozesse. So haben die Richter des Supreme Court nach heftigen Kontroversen mit knapper Mehrheit entschieden, dass die in den sechziger Jahren vor dem Parlamentsgebäude in Austin, Texas, aufgestellten Stelen an ihrem Ort bleiben dürfen. Das Gericht begründete seine positive Entscheidung mit dem Hinweis darauf, dass die Zehn Gebote nicht nur ein religiöses Symbol sind, sondern darüber hinaus auch eine allgemeine historische Bedeutung haben. Dieses Argument konnte freilich nicht verhindern, dass in Kentucky die Zehn Gebote aus zwei Gerichtsgebäuden entfernt werden mussten.

Im kulturellen Gedächtnis der Gegenwart ist am wirksamsten die äußere Form geworden, die Zehnzahl und die Anreihung von Verboten und Geboten in bunter Mischung. Vor allem die Zehnzahl hat stilbildend gewirkt. Das ist selbst dort der Fall, wo man unter den zehn Wichtiges vermisst und deshalb meint, noch dies und das ergänzen zu müssen.

Unter den Nachahmungen der Zehn Gebote finden sich eindrückliche Beispiele. Man denke nur an die Zehn Gebote aus der *Idee zu einem Katechismus der Vernunft für edle Frauen* von Friedrich Daniel Ernst Schleiermacher aus dem Jahre 1798, der nicht nur die äußere Form zum Vorbild nimmt, sondern sich auch in der Sache auf die einzelnen Gebote bezieht. An die Stelle des Gebots der Ehrung der Eltern stellt Schleiermacher: «Ehre die Eigentümlichkeit und die Willkür deiner Kinder, auf dass es ihnen wohl gehe und sie kräftig leben auf Erden.» Dem Ehebruchverbot entspricht: «Du sollst keine Ehe schließen, die gebrochen werden müsste.»

Neben manch Eindrücklichem gibt es vor allem viel Läppisches: Zehn Gebote für Redner, zehn zum Glücklichsein, zehn für dies und zehn für das. Kürzlich präsentierte ein Verlagsprospekt ein Buch mit dem Titel *Die (!) 10 Gebote der Erziehung*. Bei alledem handelt es sich weder um Recht oder Gesetz noch um Regeln der Moral, sondern um das, was man Ratgeberliteratur zu nennen pflegt. Sie bietet Hilfe an nach der Art von: Fassen Sie sich kurz und formulieren Sie treffend, wollen Sie als Redner Erfolg haben. Oder: Behandeln Sie Ihr Kind mit Respekt, soll Erziehung gelingen. Sind auch die Zehn Gebote (nur) Ratschläge nach der Weise: Töte nicht, wenn dein Leben gelingen soll? Oder handelt es sich eher um ethische Maximen?

Als besonders skurriles Beispiel ihrer Fernwirkung können «Die Zehn Gebote der sozialistischen Moral» gelten, die Walter Ulbricht 1958 auf dem V. Parteitag der SED verkündet hat. An erster Stelle steht der Einsatz für die «internationale Solidarität der Arbeiterklasse» und für die «unverbrüchliche Verbundenheit aller sozialistischen Länder». Das zweite Gebot legt Vaterlandsliebe als stete Bereitschaft aus, «deine ganze Kraft und Fähigkeit für die Verteidigung der Arbeiter- und Bauern-Macht einzusetzen». Das vierte fordert dazu auf, «gute Taten für den Sozialismus» zu vollbringen. Dieses Gebot verstand sich offenbar so wenig von selbst, dass man ihm als einzigem eine Begründung beigegeben hat: «... denn der Sozialismus führt zu einem besseren Leben für alle Werktätigen.» Weitere Gebote fordern: «Du sollst ... das Kollektiv achten und seine Kritik beherzigen»; «Du sollst sparsam sein und die sozialistische Arbeitsdisziplin festigen»; «Du sollst deine Kinder ... zu allseits gebildeten, charakterfesten und körperlich gestählten Menschen erziehen.» Den Gipfel bildet die Forderung, «sauber und anständig» zu leben und seine Familie zu achten. Wie man sieht, verstanden sich diese Gebote nicht als wohlmeinende Ratschläge, sondern als moralische Appelle. In dieser Gestalt kam die Bibel, wenn auch nur als leere Form, sogar ins Parteistatut der SED, aus dem sie 1976 wieder verschwand. Wie man nicht zuletzt an diesem merkwürdigen Beispiel sieht, bleiben die Nachahmungen in den meisten Fällen hinter der Dichte und Gedankentiefe des biblischen Vorbilds weit zurück.

Lapidare Kürze, statuarische Prägnanz der Formulierung und die Evidenz des Verbotenen, das auch der schlechteste Wille anerkennen muss, zeichnen das Vorbild aus. Doch haben diese Vorzüge den Aufstieg der Zehn Gebote nicht ohne weiteres befördert. Selbst im antiken Judentum spielen sie nicht die herausragende Rolle, die man nach ihrer Auszeichnung im Alten Testament erwarten würde. Im Neuen Testament werden sie nur in Auswahl zitiert, und in der Geistes- und Kulturgeschichte stehen sie bis ins Spätmittelalter eher im Schatten. Populär geworden sind sie im Abendland erst durch Martin Luther. Er hat ihnen 1529 mit seinem Kleinen Katechismus eine ungeheure Breitenwirkung verschafft. Seither gehören sie nicht nur ins Archiv der abendländischen Geistes- und Kulturgeschichte. Seither gehören sie zu unserem Kulturerbe.

Aber nicht jedes Erbe weckt eitel Freude. Manches Erbe löst bei den Erben zwiespältige Gefühle aus. Auch die Zehn Gebote werden heute von vielen als durchaus ambivalent erfahren; denn sie tragen eine lange, zum Teil auch eine belastende Geschichte mit sich. Daran sind ein moralinsaurer, lebensferner Katechismusunterricht und eine schwarze Pädagogik nicht unschuldig. Die haben häufig die Zehn Gebote als Prügel der Moral missbraucht und dafür gesorgt, dass sie eher als zehn große Plagen denn als Regeln zur Bewahrung der Freiheit erfahren worden sind. Schon Johann Wolfgang von Goethe lässt 1809 in seinem Roman *Die Wahlverwandtschaften* bezeichnenderweise einen ehemaligen Geistlichen mit dem sprechenden Namen Mittler propagieren, dass in der Kindererziehung wie im Verhältnis unter den Völkern «nichts ungeschickter und barbarischer sei als Verbote, als verbietende Gesetze und Anordnungen». Viel lieber solle man die entgegengesetzten Tugenden gebieten. Deshalb findet allenfalls das Elterngebot als «ein ganz hübsches, vernünftiges, gebietendes Gebot» Gnade vor Mittlers (und vor Goethes) Augen. Nachdem das 20. Jahrhundert mit seinen beispiellosen Kriegen und Gräueln hinter uns liegt, ist jener Optimismus wohl endgültig verloren gegangen, den Goethe durch

Mittler als seine Erfahrung ausgibt, der Mensch tue «recht gern das Gute, das Zweckmäßige, wenn er nur dazu kommen kann». Ja «wenn ...» – darin liegt das Problem. Offenbar versteht sich das Tun des Guten nicht von selbst.

Damit sind wir bei dem Skandal angelangt, der die Zehn Gebote von Anfang an, besonders aber seit ihrer radikalisierten Auslegung durch Jesus in den Antithesen der Bergpredigt (Mt 5) begleitet. Die Zehn Gebote sind kurz, klar und überzeugend. Deshalb können sie weithin auf Zustimmung zählen und genießen öffentliche Achtung. Man lobt sie laut – und übertritt sie still, mitunter aber auch ganz ungeniert vor der (Welt-)Öffentlichkeit. Gefragt, ob er die Zehn Gebote auswendig wisse, soll der Kabarettist Dieter Hildebrandt geantwortet haben: «Fünf weiß ich noch: Du sollst mit deinem Vater und deiner Mutter nicht die Ehe brechen, oder so ähnlich. Du sollst keinen Gott außer dir neben dir haben. Du sollst nicht lügen, wenn es nicht irgendeinen Sinn macht. Du sollst niemanden töten, es sei denn, er muss weg.» Diese Skandalgeschichte kann freilich nicht mehr Gegenstand dieses Buches sein.

Texte der Bibel werden in eigener Übersetzung oder in der Luthers (nach der revidierten Ausgabe von 1984) zitiert. Luther hatte den Gottesnamen stets mit «der HERR» übersetzt und dabei «Herr» in Kapitälchen setzen lassen, um jede Verwechslung mit allen anderen Herren auszuschließen. Das entspricht dem hebräischen Wort *Adonaj*, das man im Judentum schon seit alters, wenn auch nicht von Anfang an, in den meisten Fällen anstelle des Gottesnamens liest. Zu diesem Zweck schreibt man die vier Konsonanten des Gottesnamens *Jhwh* mit den Vokalzeichen für *Adonaj* («meine Herren») und unterscheidet damit diesen Herrn von allen, die sonst «Herr» zu sein beanspruchen. Ursprünglich enthielten die hebräischen Handschriften jedoch nur den Konsonantentext ohne Vokalzeichen, so dass die historische Aussprache des Gottesnamens *Jhwh* unsicher bleibt. Deshalb wird er hier mit der Umschrift der hebräischen Konsonanten als *Jhwh* wiedergegeben.

2. Viele «Satzungen», aber nur «Zehn Worte»: Besonderheiten der Zehn Gebote

Die deutsche Bezeichnung «Zehn Gebote», die wir aus Schule und Kirche oder von Bildern im Museum kennen, findet sich weder in der Bibel, noch beschreibt sie die damit bezeichnete Größe zutreffend. Denn in den meisten Fällen handelt es sich gar nicht um Gebote, sondern um Verbote; und zählt man alle verbietenden und gebietenden Sätze zusammen, kommt man auf mehr als zehn. Weder bei ihrer Veröffentlichung am Berg Sinai (Ex 20) noch in Moses großer Abschiedsrede im Lande Moab (Dtn 5) stößt man auf eine zusammenfassende Bezeichnung oder so etwas wie einen Titel. Erst jüngere Rückblicke auf die Ereignisse am Gottesberg in Dtn 4,13 und 10,4, der hier – wie überall im Deuteronomium – Horeb heißt, reden ausdrücklich von den «zehn Worten». Vom Deuteronomium ist diese Bezeichnung ins Buch Exodus gelangt. So identifiziert Ex 34,28 «die Worte des Bundes» mit den Worten auf den Steintafeln und diese mit den «zehn Worten»; denn andere Tafelworte kennt die Überlieferung nicht. Da die griechische Übersetzung der Septuaginta, die um 250 v. Chr. in Alexandria entstand, die Wendung in Dtn 10,4 ganz wörtlich mit *hoi deka logoi* übersetzt, hat sich seither über die Latinisierung *decalogus* (das «Zehnwort») die Bezeichnung «Dekalog» für die Zehn Gebote eingebürgert. Dem Singular «Zehnwort» entspricht der ältere deutsche Sprachgebrauch, der noch den Singular «das Zehngebot» kannte, wie das Grimmsche Wörterbuch belegt. Zehn Worte, Dekalog und Zehn Gebote bezeichnen also alle dasselbe.

Erzählte Einzigartigkeit

Antike Autoren pflegen die Bedeutung einer Sache selten ausdrücklich zu benennen. Bedeutung ergibt sich vielmehr aus der Art der Präsentation. Deshalb hängt viel am Ort des Dekalogs innerhalb der Großerzählung und an der Inszenierung seiner Mitteilung.

Der Dekalog erscheint in dem großen Erzählwerk, in dem Israel von seinen Ursprüngen erzählt, um sich seiner Zukunft zu vergewissern. Das beginnt im Buche Exodus und endet in Josua. Hauptperson der Großerzählung ist Mose, ausgezeichnet durch eine im Alten Testament sonst keinem Menschen gewährte Gottesnähe und durch eine daraus erwachsene Autorität. Mose, beauftragt vom Gott Jhwh, führt das Volk Israel aus Ägypten durch die Wüste bis an die Grenze zum gelobten Land. Dort stirbt er und wird von Gott selbst begraben. «Und es stand hinfort kein Prophet in Israel auf wie Mose, mit dem Jhwh von Angesicht zu Angesicht vertraut war» (Dtn 34,10). In der Wüste zwischen dem Auszug aus Ägypten und dem Einzug ins Land übermittelt Mose am Gottesberg dem Volk Israel den Gotteswillen, das Gesetz. Dieser Teil steht im Zentrum der Großerzählung. Er hat geradezu barocken Umfang und Gestalt und umfasst die Stoffmassen zwischen Ex 19 und Num 10. Sie sind durch das lockere Erzählgerüst alle am Sinai lokalisiert und bestehen allermeist aus kultischen Anordnungen und gesetzlichen Regelungen. Jahrhunderte haben an ihnen geschrieben und redigiert. Von ihnen müssen uns jetzt nur die beiden Erzählbögen Ex 19–24 und 32–34 näher beschäftigen. Hier schlägt das Herz der Erzählung. Deshalb ist sie hier auch außerordentlich komplex. Der Gott Jhwh erscheint unter Donner und Blitz auf dem Gottesberg (Ex 19). Er teilt seinen Willen zunächst im Dekalog (Ex 20), sodann im Bundesbuch (Ex 21–23) mit und gewährt damit Israel ein Verhältnis zu ihm. Bundesschluss mit der Verpflichtung auf das Gesetz und Opfer (Ex 24) besiegeln die Gemeinschaft zwischen Gott und Volk. Der Dekalog erscheint genau auf dem Höhepunkt der Begegnung von Gott und Volk, nach der unheimlichen Steigerung des Unwetters beim Kommen

Gottes und bevor das Volk zurückweicht mit Furcht und Zittern. Er ist das erste Gotteswort an Israel am Sinai. Seiner Bedeutung entsprechen die Begleitumstände seiner Kundgabe. Die Vorordnung vor alle anderen Satzungen und Rechte muss auch eine Bedeutung für das Verhältnis zwischen ihm und den vielen gesetzlichen Regelungen danach haben.

Der Dekalog ist freilich nicht die einzige Mitteilung, die Gott am Sinai macht. Es folgt das Bundesbuch, das seinen Namen aus 24,7 hat, und wenig später lesen wir in Ex 34 von weiteren Worten, aufgrund derer Gott noch einmal einen Bund schließt. Der Erzähler, der den Dekalog in die Sinaierzählung eingefügt hat, zeichnet ihn aber dadurch vor allen anderen Gottesworten aus, dass allein ihn Israel direkt aus Gottes Mund ohne Vermittlung des Mose vernimmt. Darauf bittet das Volk in heiligem Erschrecken vor der Gegenwart Gottes darum, dass nicht mehr Gott, sondern nur noch Mose mit ihm rede (20,19–21a). Fortan ergehen alle anderen Anweisungen, Gesetze und Gottesworte – und das sind von Ex 19 bis Num 10 nicht wenige – allein an Mose als Mittler des Gotteswillens.

Mit Bundesschluss und Opferfeier in Ex 24 kommt der in Ex 19 anhebende Erzählbogen zur Ruhe. Unvermittelt setzt in 24,12b.18 ein zweiter ein: Mose soll auf den Berg steigen, um die steinernen Tafeln mit «der Tora und dem Gebot» in Empfang zu nehmen, womit die Zehn Gebote gemeint sind; denn von anderen Steintafeln wissen wir aus der biblischen Überlieferung nichts. Überdies wird Mose der besonderen Nähe Gottes gewürdigt, indem allein er vierzig Tage und Nächte fern vom Volk in Gottes Gegenwart bleiben darf. Die zwei steinernen Tafeln aber sind von Gott selbst beschrieben, «vom Finger Gottes», wie 31,18 hinzufügt. Während der gesamte Gotteswille sonst Mose mündlich mitgeteilt wird, sind die Zehn Gebote das einzige Dokument, das Gott nach der Überlieferung mit eigener Hand je geschrieben hat. Der Dekalog hat nicht nur göttliche Autorität, sondern – von Gottes Hand auf steinerne Tafeln geschrieben – bleibende Gültigkeit.

Das Volk ohne Moses Führung vergisst jedoch schnell, was es in 24,3 wie ein Mann versprochen hatte – «alle Worte, die Jhwh gesagt hat, wollen wir tun» –, und begeht mit der Herstellung eines goldenen Jungstiers als sichtbare Repräsentation der Gottheit die Ursünde schlechthin (Ex 32). Man sieht, wie dieser zweite Erzählbogen allenthalben den ersten voraussetzt und besonders vom Verstoß gegen das dort erlassene Fremdgötter- und Bilderverbot lebt. Als Mose bei seiner Rückkehr vom Berg angesichts des Tanzes ums seither sprichwörtlich gewordene «goldene Kalb» des Bundesbruchs gewahr wird, zerschmettert er die beiden Tafeln, deren Hauptgebot das Volk soeben schändlich übertreten hat. In mehreren Anläufen ringt Mose um Gottes Gegenwart (Ex 33) angesichts der «großen Sünde» Israels. Das Ringen mündet in der Wiederherstellung des Verhältnisses Israels zu seinem Gott, weil dessen Erbarmen unerschöpflich ist (34,6–7). Diese Wiederherstellung wird als Wiederholung des Anfangs (Ex 19–24) erzählt, nun aber unter ständiger Berücksichtigung des Sündenfalls von Ex 32. Deshalb wiederholen 34,11–26 die Weisungen, die das Verhältnis zu Gott betreffen. Deshalb berichten 34,10.27 erneut von einem Bundesschluss. Im Zeichen der Wiederherstellung steht auch, dass Mose zwei neue Steintafeln zuhaut, die Gott wiederum beschreibt, und zwar mit den Worten, die auf den ersten Tafeln standen (34,1.28b). Auf diese Weise erscheint der Dekalog nicht nur als erstes (Ex 20), sondern auch als letztes Gotteswort des zentralen Abschnitts der Erzählung.

Doch damit nicht genug, denn der Dekalog begegnet noch ein zweites Mal. Im Deuteronomium, jener langen Abschiedsrede jenseits des Jordan im Lande Moab, blickt Mose in Dtn 5 auf die Ereignisse am Sinai/Horeb zurück. Dieser Rückblick aktualisiert die Begründung des Gottesverhältnisses Israels. Er steht ganz unter der Frage, wie Gott sich zu erkennen gibt (5,23–31). Dazu erzählt er die Geschichte vom Sinai nicht neu, sondern spielt lediglich auf die Erzählung von Ex 19–24 an und rechnet damit, dass der Leser diese ausführliche Version kennt. Drei neue Akzente zeichnen den Rückblick aus. Zunächst klärt Mose, dass das den Exodusvätern gewährte Gottesverhältnis («Bund») nicht mit diesen ins Grab gesunken ist, sondern denen gilt, die seinen Rückblick hören (5,3). Sie sind es, mit denen

Gott schon damals am Horeb «von Angesicht zu Angesicht» geredet hat (5,4). Das entfalten dann 5,23–31 breit. Auch hier hat also Israel die Zehn Gebote direkt aus Gottes Mund vernommen. Aber die historisch einmalige Situation weitet der Rückblick auf das Israel aller Zeiten aus. Der folgende Vers (5,5) schränkt die Unmittelbarkeit der Mitteilung des Dekalogs ein und lässt auch ihn durch Mose vermittelt werden; er ist wahrscheinlich später hinzugefügt worden, um die Exklusivität des Dekalogs wieder einzuschränken. Sodann führt Mose den Dekalog ausdrücklich als Zitat ein. Er zitiert weithin den aus Ex 20 bekannten Wortlaut, allerdings mit einigen kleinen, aber bezeichnenden Änderungen (s. Kapitel 4). Schließlich sichert Mose in seinem Rückblick den Wortlaut des Dekalogs nicht nur durch den Hinweis darauf, dass Gott selbst ihn auf zwei steinerne Tafeln geschrieben hat. Vielmehr bekräftigt Dtn 5,22 ausdrücklich seine definitive Abgeschlossenheit mit der einen Hälfte der Kanonformel: «... und er fügte nichts hinzu.» In dieser Gestalt beansprucht der Dekalog bleibende Geltung.

Das Deuteronomium hat in seinen jüngeren Bearbeitungen die Sonderstellung des Dekalogs noch weiter ausgebaut. Zwar steht er auch in Dtn 5 vor den Rechtsbestimmungen im engeren Sinne, die Dtn 12–26 umfassen, wie in Ex 20 vor dem Bundesbuch. Während aber die von Mose in ein Buch geschriebenen Gesetze nur noch «neben der Lade des Bundes Jhwhs» Platz finden (31,26), werden die von Gottes Finger beschriebenen beiden Tafeln mit dem Dekalog als Urkunde des Bundes offenbar in der Lade aufbewahrt. Das ordnet Dtn 10,2 ausdrücklich an und wird in Ex 40,20 vorausgesetzt. Diese Inszenierung und jene Abfolge legen ein Verständnis der deuteronomischen Gesetzessammlung als Auslegung des Dekalogs nahe.

Die besondere Bedeutung des Dekalogs zeigt sich auch im Vergleich mit dem Geltungsbereich von Recht und Gesetz im Deuteronomium. Während die Überschrift in Dtn 12,1 alle darauf folgenden Gesetze an das Land westlich des Jordans bindet, fehlt jede derartige Beschränkung des Geltungsbereichs beim Dekalog. Er allein gilt überall und unbeschränkt.

Doppelte Überlieferung, Vorordnung vor alle Gesetze, Unmittelbarkeit der göttlichen Mitteilung, Verschriftung durch Gott selbst, Urkunde des «Bundes», bleibende Gültigkeit und unbeschränkter Geltungsbereich zeichnen den Dekalog vor allen anderen Mitteilungen Gottes in der Bibel aus.

Die Zehn Worte und das Recht

Die Eigenart des Dekalogs tritt in einem Vergleich mit Rechtssätzen deutlich hervor. Das betrifft schon die formale Gestalt der Sätze, deren Inhalt und deren institutionellen Ort.

Im Bundesbuch, der ältesten, noch aus der Königszeit stammenden Rechtssammlung der Bibel, lesen wir:

> Wenn ein Mann seinen Sklaven oder seine Sklavin mit dem Stock schlägt, so dass er unter seiner Hand stirbt, soll er unbedingt gerächt werden.
> Falls er jedoch einen oder zwei Tage durchsteht, soll er nicht gerächt werden. (Ex 21,20–21)

Dieser Rechtssatz orientiert sich an einem konkreten Fall. Er ist konditional formuliert und bestimmt die Rechtsfolgen genau. Es handelt sich um «kasuistisches Recht», auch «Fallrecht» genannt, das in der Rechtspflege beheimatet ist. Begründungen und Motivationen, gar religiösen Inhalts, sucht man weithin vergebens. Rechtssätze dieser Art werden in der Regel nicht als Einzelsätze überliefert, sondern begegnen in größeren Kompositionen thematisch verwandten Materials. Derartige Sätze und Reihen gehen bis zu einem gewissen Grade auf die Rechtspraxis zurück. Deren Sammlung, Bearbeitung und Überlieferung erfolgte in der Schreiberschule, in der die Beamten ausgebildet wurden. An ihnen geschult, kann ein Richter Recht sprechen. Insofern leiten diese Rechtssatzreihen auch zur Rechtsfindung an. Sie sind aber kein «Gesetzbuch» im modernen Sinne.

Mit ihnen verwandt sind Sätze, wie sie sich in der Reihe todeswürdiger Verbrechen in Ex 21,12.15–17 finden. Auch sie gehen von konkreten Fällen aus. Aber sie unterscheiden sich formal und inhaltlich beträchtlich vom Fallrecht:

> Wer einen Mann schlägt, so dass er stirbt,
> muss unbedingt getötet werden. (Ex 21,12)

Sätze dieser Art dienen nicht der Rechtsfindung zwischen den Sippen im Torgericht durch freie Bürger oder professionelle Richter, sondern schützen die innerfamiliäre Solidarität, indem sie Grenzen setzen, die auf keinen Fall überschritten werden dürfen. Sie haben ihre Heimat in Sippe und Familie. Das erklärt den für uns merkwürdigen Umstand, dass nicht zwischen vorsätzlicher und unvorsätzlicher Tat unterschieden wird. Der Schutz des Lebens innerhalb der Familie ist höchstes Gut.

In den bisher besprochenen Fällen bezog sich der Schutz des Lebens auf Angehörige der eigenen Sippe, des Ortes oder des Volkes. Darüber geht die Gottesrede in Gen 9,6 weit hinaus. Sie schützt nicht nur das Leben bestimmter Menschen oder Gruppen, sondern jedes menschliche Leben überhaupt, unabhängig von ethnischer oder religiöser Zugehörigkeit:

> Wer Menschenblut vergießt,
> dessen Blut wird durch Menschen vergossen werden,
> denn als Bild Gottes hat er den Menschen gemacht.

Dabei finden Umstände, Motive oder Ziele – wie auch im Sippenrecht der Familie – keine Berücksichtigung. Für Gen 9 ist die gesamte Menschheit eine Familie geworden. Ein derart umfassender Schutz menschlichen Lebens versteht sich offenkundig nicht von selbst und bedarf deshalb einer ausdrücklich religiösen Begründung. Dazu greift der Autor auf die Grundbestimmung des Menschen von Gen 1,26 zurück. Sie spricht jedem Menschen eine Würde zu, die er sich nicht selber erwerben oder nehmen kann, sondern die ihm mit seinem Menschsein gegeben ist: Der Schöpfer des Himmels und der Erde hat jeden Menschen dazu bestimmt, sein Repräsentant auf Erden zu sein, an dem er, Gott, zu erkennen sein soll. Nicht erst diese Begründung, sondern schon die Formulierung zeigt die Entfernung von dem an, was Sätze zu Rechtssätzen macht.

Von diesem vielfarbigen Hintergrund heben sich die Zehn Gebote vollkommen ab:

Du sollst nicht töten! (Ex 20,13; Dtn 5,17)

Die unmittelbare Anrede an ein «Du», das unbestimmt bleibt und jeden Einzelnen in die Pflicht nimmt, ein kategorisch verneintes Verb ohne Objekt und ohne jegliche Entfaltung, das keine Winkelzüge zulässt, weder ein konkreter Fall noch eine exakte Rechtsfolgebestimmung – mit Sätzen wie diesem kann kein Richter Recht sprechen. All das unterscheidet sie vom kasuistischen Recht. Auch stellt der Dekalog keine thematisch konzentrierte Einheit dar. Sein Kennzeichen ist gerade thematische Vielfalt. Die wiederum verbindet ihn mit der Reihe todeswürdiger Verbrechen. Von ihr jedoch unterscheidet er sich formal vollkommen, indem er ganz andere und unterschiedliche Formen verwendet. Schließlich fehlt ihm die universale Geltung, die Gen 9,6 auszeichnet; denn der Dekalog richtet sich zunächst einmal an Israel, nicht an die Menschheit, wie die Einbindung in den Erzählkontext zeigt. Für die im Dekalog verwendeten beiden Grundformen lässt sich keine Verwurzelung im Recht wahrscheinlich machen. Zwölf Mal begegnen kategorische Verbote «Du sollst nicht …!», die auf verschiedene Weise erweitert sein können. Sie sind mit der Verneinung *lo'* und dem Indikativ des Verbs formuliert und stellen im Hebräischen die stärkste Form der Verneinung dar, deutlich von Wünschen oder Bitten unterschieden. Man nennt diese schroffen Verbotssätze «Prohibitive». Sie verbieten das, was auf gar keinen Fall sein soll. Dem wird die heute mancherorts beliebte indikativische Übersetzung «Du wirst nicht …!» nicht gerecht.

Den Verboten stehen zwei Gebote gegenüber, den Sabbat zu heiligen und die Eltern zu ehren. Gebote und Verbote, wenn auch meist nicht in jener apodiktischen Form, sind für allgemeine Verhaltensregeln charakteristisch, die ihre Heimat im Sippenethos und ihre nächsten Verwandten in der Weisheitsliteratur des Alten Orients haben. Es handelt sich beim Dekalog also eher um Lebens- und Verhaltensregeln in apodiktischer Gestalt als um Recht. Sie sind auf Prävention aus. Indem sie das Begehen einer strafwürdigen Tat schon vorab zu verhindern suchen, gehen sie sachlich dem Recht voraus, das begangene Taten ahndet.

Sie ordnen das Zusammenleben in der Familie und dienen der Sozialisation innerhalb der Familie. Daraus erklärt sich auch die persönliche Anrede. Der Dekalog gehört also nicht zum Recht, sondern zum Ethos und zur Gesittung. Er zieht äußerste Grenzen, die allem Recht vorausliegen. Ohne deren Anerkennung gibt es kein Recht. Insofern hat der Dekalog auch regulative Funktionen für das Recht.

Kundgabe Gottes statt Gesetze des Königs

Im Winter 1901/1902 fanden französische Archäologen bei Ausgrabungen auf der Akropolis der alten elamischen Hauptstadt Susa im Südwesten der iranischen Provinz Chusistan eine schwarze, über zwei Meter hohe Stele aus Diorit. Die elamische Armee hatte die Stele im 12. Jahrhundert v. Chr. bei einem ihrer siegreichen Züge gen Süden aus Babylon als Kriegstrophäe verschleppt, ein früher Fall von «Beutekunst». Heute befindet sie sich im Louvre zu Paris. Sie hat schnell Berühmtheit erlangt; denn sie ist beidseitig mit Rechtssätzen aus altbabylonischer Zeit beschrieben, die von einem weitläufigen Prolog und Epilog gerahmt werden. Im Prolog rühmt sich König Hammurapi (1793–1750 v. Chr.), dass Marduk, der Stadtgott von Babylon, ihn beauftragt habe, «die Menschen zu lenken und dem Lande Sitte angedeihen zu lassen». Deshalb gab man der Rechtssammlung kurzerhand den anachronistischen Titel «Codex Hammurapi» und fügte ihr sogar eine Paragraphenzählung hinzu.

Schon 1902 wurde der Text veröffentlicht und löste sofort eine lebhafte Diskussion aus; denn mit ihm gab es erstmals ein originales Dokument altorientalischen Rechts weit vor des Moses Tagen und noch dazu mit erstaunlichen Analogien zu vielen Rechtssätzen der Bibel. Bei allen Unterschieden im Detail stehen die biblischen Rechtssätze denen des Codex Hammurapi erstaunlich nahe. Offensichtlich verbindet beide eine gemeinsame altorientalische Rechtskultur. Selbst apodiktisch formulierte Sätze begegnen dort. So sprechen § 38; 187 ein Verbot, § 39 eine Erlaubnis aus, jeweils ohne Rechtsfolgen zu nennen. Ähnliche Beispiele finden sich auch in anderen altorientalischen

Kundgabe Gottes statt Gesetze des Königs 23

Rechtskorpora wie im Codex Eschnunna oder in den Mittelassyrischen Gesetzen.

Was sie unterscheidet, kann man gut an jener ungefähr 65 cm hohen bildlichen Darstellung sehen, die sich über dem Text der Rechtssammlung auf der Stele befindet:

Oberteil der Gesetzesstele Hammurapis (1792–1750 v. Chr.): Der Sonnengott Schamasch überreicht dem König die Symbole der Herrschaft.

Zwei Gestalten beherrschen das Bild. Links steht ein Mann mit erhobener rechter Hand, einem Gestus der Verehrung. Rechts sitzt eine männliche Gestalt auf einem Thron, der einer babylonischen Tempelfassade gleicht. Die Füße des Thronenden ruhen auf einem Podest aus Bergschuppen in drei Reihen. Eine vierfache Hörnerkrone zeichnet die Gestalt als mächtige Gottheit aus. Strahlenbündel gehen aus den Schultern hervor und geben sie als den Sonnengott Schamasch zu erkennen. Zu seinen besonderen Aufgaben gehört es, über die Rechtsordnung, über Verträge und Eide zu wachen, denn bei seinem Lauf über die Erde kann nichts vor ihm verborgen bleiben. Noch unser Sprichwort weiß: Die Sonne bringt es an den Tag. Vor Schamasch steht links der König, erkennbar an seiner schalenartigen Kappe. Es handelt sich zweifellos um Hammurapi. Schamasch überreicht ihm jedoch nicht die Gesetzessammlung, sondern mit Ring und

Stab die Insignien von Macht und Herrschaft. In Verbindung mit der darunter folgenden Gesetzessammlung zeichnet das Relief den König als göttlich beauftragten Gesetzgeber aus. Ein Vergehen gegen die vom König erlassene Rechtsordnung ist deshalb auch ein Vergehen gegen die beauftragende Gottheit, wenngleich die Götter im Alten Orient lediglich Hüter des Rechts, aber keine Gesetzgeber waren.

Zur Herrschaft des Königs gehört im Alten Orient, dass er für Recht und Gerechtigkeit sorgt. Deshalb ist die Gesetzgebung eine der vornehmsten Aufgaben eines Königs. Entsprechend legt Hammurapi «Recht und Gerechtigkeit in den Mund des Landes», wie es im Prolog heißt, indem er die Gesetze auf die Stele schreiben lässt und dadurch öffentlich macht. Gesetzgebung ist im Alten Orient Privileg des Königs. Deshalb sind Königsherrschaft und Gesetzgebung eng miteinander verbunden. Vermittelt durch den König hat freilich auch das Recht ein religiöses Fundament, denn das Königtum war selbstverständlich, wenn schon nicht göttlicher Herkunft oder Art, so doch stets ein Königtum von Gottes Gnaden.

Wie anders stellt das Alte Testament die Mitteilung des Dekalogs und der Gesetze dar! Zwar zeichnet es Mose in königlichen Konturen: Allein er darf Gott nahen, er ist Stellvertreter des Volkes, Mittler des Gotteswillens, Heerführer und vieles andere mehr, aber eben kein Gesetzgeber. Anders als König Hammurapi empfängt Mose aus Gottes Hand nicht die Insignien der Herrschaft, sondern die Tafeln mit den Zehn Worten, und die hat nicht Mose in Stein hauen lassen, sondern Gott selbst mit seinem Finger auf die Tafeln geschrieben. Was Mose nach dem Empfang des Dekalogs auch immer an Gesetzen schreibt, wie das Bundesbuch und anderes, hat er zuvor von Gott vernommen. Zwar verraten die Gesetze für sich nicht die Autorschaft Gottes, und selbst der Dekalog präsentiert sich nur am Anfang als Gottesrede, aber im Kontext der Rahmenerzählung sind sie alle stets als Kundgabe Gottes stilisiert. An Stelle des Königs autorisiert im Alten Testament Gott selbst Recht und Gesetz.

Das war freilich nicht immer der Fall. Schon in der ältesten Rechtssammlung im Alten Testament, dem Bundesbuch, kann man größere thematisch geordnete Rechtssatzreihen erkennen, die noch ganz ohne die Autorität Gottes auskommen. Die Stilisierung allen Rechts als Gottesrecht verdankt sich einer durchgreifenden Theologisierung. Mit ihr reagieren die Autoren auf die sozialen Verwerfungen seit dem 8. Jahrhundert v. Chr., denen das Recht im herkömmlichen Sinne nicht mehr gewachsen war. Das klagen Propheten wie Amos, Hosea, aber auch Micha und Jesaja an, ohne jedoch Rezepte für die Besserung des Gemeinwesens zu empfehlen. Die wahrscheinlich am Jerusalemer Tempel beheimateten Verfasser des Bundesbuches binden den religiösen Lebensbereich und seine kultischen Regeln mit den Lebensbereichen des Alltags zusammen und unterstellen beide dem einen Willen Gottes. Apodiktisches und kasuistisches Recht erscheinen jetzt beide als Gottesrecht.

Ein vergleichender Blick auf die Prologe des Codex Hammurapi und des Dekalogs erhellt den Unterschied noch deutlicher. Der Codex Hammurapi beginnt mit der Erhöhung Marduks zum Befehlshaber über die Menschheit. Dieser Erhöhung geht die Berufung des Königs Hammurapi zum Herrscher parallel. Des Königs Berufung ist mit dem Auftrag verbunden, «Gerechtigkeit im Lande sichtbar zu machen, den Bösen und den Schlimmen zu vernichten, den Schwachen vom Starken nicht schädigen zu lassen». Aufgaben des Königs sind also Gesetzgebung und Durchsetzung des Rechts. Dieses königliche Geschäft deutet der Prolog als «dem Sonnengott gleich aufzugehen und das Land zu erleuchten, um für das Wohlergehen der Menschen Sorge zu tragen». Indem der König Recht setzt, nimmt er auf Erden die Funktion des Gottes Schamasch wahr. Die folgenden Gesetze sind also des Königs Gesetze, deren er sich als «König der Gerechtigkeit» rühmt. Aber sie verdanken sich keiner Herrscherlaune, sondern beruhen auf göttlichem Auftrag und sind deshalb unantastbar.

Ganz anders beginnt der Dekalog: «Ich bin Jhwh, dein Gott, der ich dich herausgeführt habe aus dem Lande Ägypten, aus dem Sklavenhause.» (Ex 20,2) Die Gottheit stellt sich mit dem vor, womit sie sich nicht einem einzelnen herausragenden Menschen, sondern dem Volk bekannt gemacht hat. In der Befreiung aus Versklavung hat sich dieser eine Gott allein diesem Volk vertraut gemacht. So sind sie sein Volk und er ihr Gott geworden. Die Urerfahrung von Freiheit in der Herausführung aus dem Sklavenhaus und das damit verbundene Vertrauen gehen allem «Du sollst» und «Du sollst nicht» voraus. Was im Dekalog konzentriert erscheint, gilt für die gesamte Gesetzgebung am Sinai, die mit Bedacht erst nach der Herausführung aus Ägypten erzählt wird. Nicht die Erhebung eines Königs in göttliche Funktionen, sondern die Befreiung des Volkes zu mündigen Subjekten unter Gottes Willen steht am Anfang von Recht und Gesetz in Israel. Deshalb verändern im Licht der Präambel die Zehn Worte unmerklich ihre Funktion. Sie zielen – anders als die Einzelworte ohne Präambel – nicht mehr allein auf Abwehr des Äußersten, sondern auf Bewahrung der Freiheit durch die Gestaltung von Gesellschaft und Welt. Die eigene Freiheit kann aber nicht ohne Rücksicht auf die Freiheit der anderen bewahrt werden. Was im Großen die Theologisierung des Rechts im Bundesbuch und stärker noch im Deuteronomium leistet, findet sich im Dekalog konzentriert. Er setzt nicht nur das Bundesbuch, sondern auch die Botschaft der Prophetie des 8. Jahrhunderts voraus.

3. Zehn Worte auf zwei Tafeln: Zählung und Komposition

Wer aus katholischer oder lutherischer Tradition kommt und die Zehn Gebote beispielsweise in einem Genfer oder Oxforder Katechismus liest, wird sich nicht so sehr über einen verschiedenen Wortlaut, als vielmehr über eine ganz andere Zählung wundern. Was ihm als zweites Gebot bekannt ist, wird dort als drittes gezählt. Das zweite Gebot dort wiederum, das Bilderverbot, wird er in seinem lutherischen Katechismus nicht finden. Die unterschiedliche Zählung der Gebote hat Gründe, die schon in der Überlieferung des Bibeltextes selber liegen.

3. Zehn Worte auf zwei Tafeln: Zählung und Komposition

Die Bezeichnung als «Zehn Worte» und das Motiv der beiden Tafeln stammen aus Dtn 4,13:

> Er verkündete euch seinen Bund, den zu befolgen er euch gebot, die zehn Worte, und schrieb sie auf zwei Tafeln aus Stein.

Das wird der Sache nach bei der Neuanfertigung der Tafeln in 10,1–5 wiederholt. Zehnzahl und Tafelmotiv sind aus dem Deuteronomium in die Sinaierzählung (Ex 34,1.28) eingetragen worden. Jedoch sind die Reihe und die Zehnzahl ihrer Glieder zweifellos älter als diese Bezeichnung und jenes Motiv. Eine Reihe von zehn Gliedern lässt sich leicht an den zehn Fingern beider Hände wiederholen und dadurch auch merken. So sind jedem Menschen die zehn Worte auf zwei Tafeln geradezu auf den Leib geschrieben. Die Zehnzahl erklärt sich also durchaus auch ohne die Sinaierzählung und deren Erinnerung in Moses Abschiedsrede.

Die Verbindung von Zehnzahl und Tafelmotiv legen eine Ordnung nahe. Von den zehn Fingern an zwei Händen erwartet man eine Anordnung in 5 + 5 Gliedern. Will man die Sätze des Dekalogs entsprechend verteilen, gerät man schnell in Verlegenheit. Zählt man die unverbundenen Verbots- und Gebotssätze durch, kommt man weder in Ex 20 noch in Dtn 5 auf «zehn Worte», sondern auf 13; dazu muss man die Selbstvorstellung Gottes noch hinzufügen, die im Judentum stets als «Gebot» *(miṣwah)* verstanden worden ist, so dass sich nicht zehn, sondern 14 Worte ergeben. Im Bibeltext sind jedoch weder die 14 Sätze eindeutig auf zehn Worte noch diese auf die beiden Tafeln verteilt. Kein Wunder, dass die Zählung der Gebote des Dekalogs und deren Verteilung auf die beiden Tafeln in der jüdischen und in den verschiedenen christlichen Traditionen sehr unterschiedlich ausfallen. Man kann eben auf sehr verschiedene Weise bis zehn zählen.

Die zahlreichen Varianten kann man – stark vereinfacht – auf drei Grundmuster bringen. Man reduziert am Anfang, indem man (a) entweder Fremdgötter- und Bilderverbot zusammenzieht oder (b) die Selbstvorstellung Gottes als Präambel aus der Zählung herausnimmt oder (c) das Bilderverbot als bereits im

Fremdgötterverbot enthalten streicht. Je nachdem muss man am Ende die Verbote des Begehrens in ein einziges zusammenziehen oder auf zwei verteilen.

Verschiedene Weisen, bis zehn zu zählen

(1) Schon im masoretischen Bibeltext ist eine bestimmte Zählung und Anordnung angelegt. Der Text der Hebräischen Bibel ist zunächst als Konsonantentext ohne Vokale überliefert worden. Als in der Perserzeit das Aramäische zur *lingua franca* im Vielvölkerreich aufstieg und die hebräische Sprache immer mehr aus dem Alltag verdrängte, wurde das Hebräische zunehmend auf die heiligen Schriften und deren Lesung beschränkt. Um den hebräischen Bibeltext vor Entstellungen zu schützen, war «ein Zaun um die Tora» notwendig geworden. Deshalb legten jüdische Gelehrte, Masoreten genannt, den heiligen Text in einem länger währenden Prozess zwischen 750 und 1000 n. Chr. im Blick auf Orthographie, Aussprache und Vortrag bis ins Letzte fest. Zu diesem Zweck gaben sie dem Konsonantentext Vokalzeichen sowie Akzente bei und fixierten die aus der älteren Schreibertradition stammenden Signale zur Abgrenzung von Sinneinheiten. Mit alledem trugen sie natürlich auch ihre Deutung in den Text ein, die dann nach und nach zur maßgebenden Norm wurde.

Im Dekalog sind die Masoreten besonders verfahren, indem sie ihn in beiden Fassungen jeweils mit einem doppelten Akzentsystem versehen haben. Das eine ist später (seit der lateinischen *Vulgata*) von der Verszählung aufgenommen worden, das andere markiert jedoch, davon abweichend, größere Sinneinheiten. Es bindet Selbstvorstellung Gottes, Fremdgötter- und Bilderverbot, also Ex 20,2–7, zu einer Einheit zusammen. Hinzu kommt der Brauch der älteren Schreibertradition, Sinneinheiten durch Zwischenräume voneinander zu trennen. Seit dem Spätmittelalter markiert man die Hauptabschnitte noch zusätzlich mit dem Buchstaben *pe* für *paraschah p^etuchah* («offener Abschnitt»), und die kleineren Einheiten mit *samech* für *para-*

schah s^etumah («geschlossener Abschnitt»). Durch diese Mittel wird der Dekalog im Buch Exodus in neun und der im Deuteronomium in zehn Einheiten gegliedert. Diese Einheiten sind jedoch nicht einfach mit den einzelnen Geboten identisch. So gelten die Präambel auf der einen und das mit dem Bilderverbot verknüpfte Fremdgötterverbot auf der anderen Seite in der gesamten jüdischen Tradition durchaus als *zwei* Gebote, obgleich sie *eine* Einheit bilden. Wahrscheinlich folgen die Masoreten damit einer Einsicht, die im Traktat *Makkot* 24a des babylonischen Talmud (abgeschlossen im 5. Jahrhundert n. Chr.) so formuliert ist:

> «Ich bin ...» [Anfang der Präambel] und ‹Nicht sollst du haben ...› [Anfang des Fremdgötterverbots] haben sie [die Israeliten] aus dem Munde der Kraft [Gott] gehört.

Der große jüdische Bibelkommentator und Talmudgelehrte Rabbi Salomo ben Isaak, nach den Anfangsbuchstaben *Raschi* genannt (gest. 1105), kommentiert diese Stelle entsprechend:

> Einen (Satz) hat Gott gesprochen, aber zwei (Gebote) sind es.

Während Josephus (37–ca. 100 n. Chr.) in seinen *Antiquitates* (III 5,4–5), und mit ihm das ältere Judentum, davon ausgeht, dass das Volk am Sinai den Dekalog vollständig aus dem Munde Gottes vernommen habe, schränkt das der Talmud ein: Gott hat am Sinai zwar «alle diese Worte» (Ex 20,1) gesprochen, aber das Volk hat nur diese beiden Gebote von Gott vernommen. Allein Mose war Ohrenzeuge aller Gebote des Dekalogs und hat sie dann in Dtn 5 aus der Erinnerung mitgeteilt. Diese Unterscheidung trägt dem Umstand Rechnung, dass der Wortlaut des Dekalogs in Ex 20 und Dtn 5 nur in diesen beiden Geboten als Gottesrede stilisiert und bis auf drei Buchstaben (stets *waw* für «und») identisch ist. Mit der Unterscheidung von Gottesrede (in den beiden ersten Geboten der ersten Sinneinheit) und Moserede versucht man, die Abweichungen im Wortlaut zwischen den beiden Fassungen des Textes zu erklären, ohne die sachliche Gleichsinnigkeit beider Fassungen des Dekalogs aufgeben zu müssen.

Die Fassung im Deuteronomium hat eine Sinneinheit mehr als die von Ex 20, weil die Masoreten das Doppelverbot des Begehrens – wegen der beiden unterschiedlichen Verben in Dtn 5 – auf zwei Einheiten verteilen. Während also nach der masoretischen Gliederung Ex 20 zehn Gebote enthält, sind es in Dtn 5 offenbar elf. Die von der Tradition vorgegebene Zehnzahl kann von den Masoreten und den ihnen folgenden jüdischen Auslegern nur gewahrt werden, wenn sie in der Exodus-Fassung auf die Gebote, in der Deuteronomium-Fassung auf die Sinneinheiten des masoretischen Gliederungssystems bezogen wird. Auch daran bewährt sich die biblische Redeweise von den «Zehn *Worten*».

Aus der masoretischen Gliederung mit Paraschen als stärkstem Gliederungssignal lässt sich – allerdings nur für die Exodus-Fassung – sogar eine Verteilung auf die beiden Tafeln erschließen. Ex 20,2–17 wird durch die offene Parasche nach Vers 7 in zwei Teile gegliedert: Der erste umfasst die Gebote I–III, der zweite die Gebote IV–X. Leitender Gesichtspunkt für diese Verteilung dürfte die Unterscheidung von Gott (I–III) und Mitmensch (IV–X) gewesen sein. Der Sabbat (IV nach masoretischer Zählung) ist eben nicht für Gott, sondern für den Menschen da. Allerdings spielt diese Verteilung im Judentum keine Rolle.

Der hebräische Text des Dekalogs in seiner masoretischen Auslegung ist also weder in der Zählung noch in der Zuordnung zu den beiden Tafeln eindeutig; er eröffnet vielmehr unterschiedliche Möglichkeiten der Zählung und Verteilung.

(2) Zählung und Anordnung im rabbinischen und modernen Judentum werden bei dem Besuch einer Synagoge buchstäblich anschaulich. Häufig findet man auf den Türen des Schreins, der die Torarollen enthält, zuweilen auch über ihm oder auf dem Schild, mit dem die Torarollen geschmückt sind, eine Darstellung des Dekalogs in Gestalt der beiden Tafeln. Auf diese Weise stehen die Zehn Worte stellvertretend für die ganze Tora. Über den beiden Tafeln befindet sich eine reich verzierte Krone, denn die Tora gilt als die Krone der Schöpfung. Die linke Tafel ist in

der Regel mit einer hebräischen Kurzform der Gebote I–V, die rechte mit jener der Gebote VI–X beschriftet.

Die Verteilung der Gebote zu 5 + 5 findet sich schon bei Philo von Alexandrien, einem älteren Zeitgenossen des Paulus, in seinem Werk *Über den Dekalog* (§ 50). Jede Verteilung stellt – wie an der masoretischen gezeigt – eine Sachgliederung dar. Die erste Tafel mit den Geboten I–V ordnet das Verhältnis zwischen Mensch und Gott, die zweite Tafel mit den Geboten VI–X das Verhältnis zum Mitmenschen. Das hat Folgen für das Verständnis der Gebote. Dazu muss man allerdings die besondere jüdische Zählweise beachten.

Die Rabbinen, der Talmud, das masoretische Akzentsystem und das heutige Judentum zählen stets die Selbstvorstellung Gottes mit der Exoduserinnerung als erstes Gebot. Sie deuten Fremdgötter- und Bilderverbot komplementär – der Anbetung des einen Gottes entspricht das Verbot der Anbetung anderer – und fassen deshalb beide als zweites zusammen. Sie zählen dann, um die Zehnzahl zu wahren, die Verbote des Begehrens trotz der beiden unterschiedlichen Verben in der Deuteronomium-Fassung als zehntes. Die jüdische Auslegung stellt also durch die Verteilung 5 + 5 das Gebot, die Eltern zu ehren (V), auf die erste Tafel, die das Verhältnis zu Gott betrifft: Wer seine Eltern ehrt, der ehrt Gott. Die Eltern stehen auf Gottes Seite, weil sie durch Zeugung und Erziehung von Kindern das Schöpfungswerk Gottes fortsetzen. Höher kann man von Eltern und Kindern kaum denken.

(3) Anders verfahren die römisch-katholische Kirche und die lutherischen Kirchen, wie gleichfalls ein Blick auf die Sakralkunst beider Konfessionen in zahlreichen Kirchen zeigt. Zum ikonographischen Repertoire der Darstellungen Moses gehören die «Tafeln des Gesetzes» in seiner Hand. Sie sind in katholischer und lutherischer Tradition stets so mit den Ziffern für die Zehn Gebote beschriftet, dass sich auf der ersten Tafel I–III, auf der zweiten IV–X befinden. Das Motiv der beiden Tafeln mit der Anordnung 3 + 7 hat auch ohne die Gestalt des Mose als reines Symbol auf Altären reiche Verwendung gefunden.

Mose mit den beiden Tafeln am Aufgang zur Kanzel der Altenburger Kirche St. Viti in Merseburg, Holzschnitzerei Ende des 17. Jahrhunderts

In evangelischen Kirchen schmückt man bevorzugt die Kanzeln mit der Tafelsymbolik; denn die Predigt ist der liturgische Ort, in dem das Gesetz als Gotteswille mitgeteilt und im Blick auf die Gestaltung des gegenwärtigen Lebens ausgelegt wird.

Für die in der Auslegung des Dekalogs außerordentlich einflussreiche Anordnung 3 + 7 war eine theologische Entdeckung des nordafrikanischen Bischofs Augustinus (354–430) bahnbrechend. Er verband als Erster die beiden Tafeln des Dekalogs mit dem Doppelgebot der Liebe zum dreieinigen Gott und zum Nächsten (Mk 12,29–31). Dem trinitarischen Gottesverständnis entsprechend ordnet er die Gebote I–III der ersten, die Gebote IV–X der zweiten Tafel zu. Dabei zählt die Präambel mit der Selbstvorstellung Gottes nicht zum Dekalog.

Als ehemaliger Augustinereremit stand der Wittenberger Professor für Bibelwissenschaft Martin Luther (1483–1546) in dieser Tradition. Er streicht aber die Präambel und das Bilderverbot. Die Präambel ist weder Verbot noch Gebot, vor allem aber ist sie mit der Herausführung aus Ägypten ganz auf Israel bezogen. Das Bilderverbot ist für Luther schon im Fremdgötterverbot enthalten, denn er versteht die kultische Verehrung von Bildern als Kehrseite des Götzendienstes. Auch sonst greift Luther kürzend und sachlich ändernd in den Wortlaut ein.

Sowohl in der Zählung als auch in der Entfaltung der Verbote des Begehrens auf IX und X sowie in der Verteilung auf die beiden Tafeln sind beide christlichen Konfessionen Augustinus gefolgt. Dabei dürfte auch eine Rolle gespielt haben, dass schon Jesus auf die Frage des reichen Jünglings nach den Geboten mit dem Hinweis auf die der zweiten Tafel antwortet und diese mit dem Gebot der Elternehrung beschließt, so dass die Verse Mt 19,18–19 die Anordnung 3 + 7 und die Verbindung der zweiten Tafel mit der Liebe zum Nächsten vorweggenommen haben.

(4) Das hellenistische Judentum, der griechische Katholizismus des Ostens und – ihm folgend – die Griechisch-Orthodoxen, die Reformierten und auch die Anglikaner nehmen entweder die Selbstvorstellung Gottes mit der Erinnerung an die Herausführung aus Ägypten als Präambel aus der Zählung der Gebote heraus oder verbinden sie mit dem Fremdgötterverbot zum ersten Gebot, fahren mit dem Bilderverbot als zweitem fort und enden mit den Verboten des Begehrens, die zum zehnten Gebot zusammengezogen werden. Sie folgen also in der Zählung ab dem dritten Gebot ganz der jüdischen Überlieferung.

Schon Jan Hus, Pfarrer in Prag und 1409 Rektor der Universität, griff mit dem Bilderverbot die Bilderverehrung an. Ihm folgten die Böhmischen Brüder, die in ihren bis in die Schweiz verbreiteten Katechismen das Bilderverbot in seiner ausführlichen Form zitieren und gegen die kirchliche Praxis wenden, sich vor Kruzifix und Monstranz zu verneigen. Als die Zürcher Bürger im September 1523 im sogenannten «Bildersturm» die Bilder aus den Kirchen reißen, steht mit einem Male das Bilderverbot im Zentrum der kirchlichen und gesellschaftlichen Auseinandersetzung. Zunächst machen Ulrich Zwingli (1484–1531) und andere den bislang in der zeitgenössischen Katechismusunterweisung weithin nicht berücksichtigten Text des Bilderverbots einer größeren Öffentlichkeit bekannt, ohne an der Zählung Augustins etwas zu ändern. Dann aber setzt man in Zürich 1534 die von Zwingli vorgeschlagene selbständige Zählung des

Bilderverbots als II. Gebot durch. Schließlich liefert der junge Franzose Jean Calvin (1509–1564) in der Bearbeitung seiner durch Klarheit der Gedanken bestechenden Dogmatik, die 1539 auf Lateinisch in drei Bänden unter dem Titel *Institutio christianae religionis* in Straßburg erschien, die Begründung nach. Hier verwirft er (gegen Bucer) die Verselbständigung der Präambel sowie (gegen Luther) die Auslassung des Bilderverbots und knüpft in der Verteilung von 4 + 6 ausdrücklich an Origenes an. Als Vorbild für die reformierte Dekalogzählung weist er erstmals auf Josephus hin. Diese Zählung und Verteilung haben durch den Heidelberger Katechismus von 1563 eine große Verbreitung erlangt. Der antwortet auf die Frage, wie denn die Zehn Gebote eingeteilt werden: «In zwei Tafeln, deren die erste in vier Geboten lehrt, wie wir uns gegen Gott halten sollen; die andere in sechs Geboten, was wir unserm Nächsten schuldig sind.» (Frage 93)

England hatte sich 1534 kirchlich von Rom durch einen Parlamentsbeschluss gelöst, der König Heinrich VIII. zum «Oberhaupt der Kirche von England» erklärte. Doch war es schon länger von den reformatorischen Strömungen des Festlands beeinflusst. Nach der Hinrichtung seiner zweiten Ehefrau suchte der König Kontakte zu Melanchthon, und man erwartete, dass er sich der lutherischen Reformation anschließen werde. Da aber nicht nur Rom, sondern auch die Wittenberger des Königs Eheauffassung nicht teilten, wandte er sich ab. Wahrscheinlich ist es Calvins *Institutio* zu verdanken, dass die Kirche von England bereits 1537 die reformierte Zählung der X Commendements in ihr vom König selbst redigiertes sogenanntes «Bischofsbuch» übernahm. Denn dem Leiter der für den Text verantwortlichen Kommission, Staatsminister Thomas Cromwell, scheint Calvins erste Ausgabe der *Institutio* von 1536 nicht unbekannt gewesen zu sein, hatte sie doch sein eigener Sekretär ins Englische übersetzt. Auf diese Weise kam schließlich nicht nur die reformierte Zählung der Zehn Gebote in das *Book of Common Prayer*, sondern es zog auch der reformierte Brauch in die Eingangsliturgie der anglikanischen Messe ein, die Zehn Gebote vor dem Gottesdienst zu verlesen.

(5) Unterschiede der Zählung in den wichtigsten Gruppen:

| Judentum | Katholische + | Orthodoxe, Refor- |
| | lutherische Kirchen | mierte, Anglikaner |
5 + 5	3 + 7	4 + 6
1. Jhwhs Herrschaft	1. Fremdgötter	1. Gottes Herrschaft +
2. Fremdgötter +	2. Gottes Namen	Fremdgötter
Götzenbilder	3. Feiertag	2. Götzenbilder
3. Jhwhs Namen		3. Gottes Namen
4. Sabbat	4. Eltern	4. Sabbat
5. Eltern	5. Mord	
	6. Ehebruch	5. Eltern
6. Mord	7. Diebstahl	6. Mord
7. Ehebruch	8. Falschzeugnis	7. Ehebruch
8. Diebstahl	9. Begehren (Frau)	8. Diebstahl
9. Falschzeugnis	10. Begehren (Güter)	9. Falschzeugnis
10. Begehren		10. Begehren

Exodus 20:
Bewahrung der Freiheit durch Bindung an Gott und den Mitmenschen

Beide Fassungen des Dekalogs scheinen ganz analog aufgebaut zu sein: Geht es im ersten Teil (von Gottes Selbstvorstellung und dem Verbot fremder Götter bis zum Sabbatgebot) um *Gott*, so tritt im zweiten Teil (von den Eltern bis zum Verbot des Begehrens) der *Mitmensch* ins Zentrum; davon könnte man noch einen dritten Teil unterscheiden, weil Diebstahl, Falschzeugnis und Begehren auf Menschen und *Sachen* bezogen werden können. Allerdings berücksichtigt diese Gliederung nur recht grobe inhaltliche Gesichtspunkte und vernachlässigt alle anderen Signale des Textes. Achtet man aber auf jene kleinen Eigentümlichkeiten, unterscheiden sich beide Fassungen beträchtlich.

In Ex 20 heben sich zunächst einmal die Verse 2–6 als breit ausgestalteter Eingangsteil vom Rest dadurch ab, dass sie bis zum letzten Wort als Rede formuliert sind, die Gott selber spricht: «*Ich* bin Jhwh, dein Gott ... der Güte erweist den Tausenden, die *mich* lieben und *meine* Gebote halten.» Dtn 5,10 leitet dagegen schon zum Folgenden über, indem er in der dritten Person endet: «... und *seine* Gebote halten.» Der gesamte Eingangsteil, die Verse 2–6, wird durch die Huldformel «Ich, Jhwh, (bin) dein Gott» in den Versen 2 und 5 verklammert. Gottes liebende Zuwendung zu Israel in der Herausführung aus dem Sklavenhaus Ägypten und Gottes Eifersucht rahmen Fremdgötter- und Bilderverbot. «Herausführen» akzentuiert in Verbindung mit dem «Sklavenhaus» eindeutig Befreiung. Am Anfang steht also Gottes Tat.

Der zweite Teil verlässt mit Vers 7 die Gottesrede. Der Wechsel zeigt einen Unterschied an. Was mit den Versen 7–17 folgt, entfaltet die ausschließliche Bindung, welche die Verse 2–6 thematisiert haben. Die Entfaltung erfolgt in zwei Richtungen: in den Versen 7–11 gegenüber Gott und in den Versen 12–17 gegenüber dem Mitmenschen.

Der Dekalog beginnt mit *Gottes «Ich»*, und er endet mit *«... dein Nächster»*. Sein erstes und sein letztes Wort beschreiben den Horizont, in dem der Mensch sein Leben bewährt oder verfehlt. Dabei ist das Gefälle des Textes klar. Ohne Herausführung keine Freiheit, aber ohne Beachtung der Gebote geht die Freiheit verloren. Nur in der Bindung an Gott *und* den Mitmenschen kann die von Gott in der Herausführung aus dem Sklavenhaus gewährte Freiheit Gestalt gewinnen, und nur als gestaltete kann die Freiheit bewahrt werden.

Deuteronomium 5:
Feier der Freiheit im wöchentlichen Ruhetag des Sabbats

Am stärksten unterscheidet sich die Fassung des Deuteronomiums in der Begründung des Sabbatgebotes. Dtn 5,15 erinnert an die Herausführung aus der Sklaverei in Ägypten und motiviert damit die Ruhe von aller Arbeit am Sabbattag: «Gedenke, dass du *Sklave* gewesen bist in *Ägypten*, aber es *führte* dich *heraus Jhwh, dein Gott*, von dort.» Diese Begründung greift die Leitwörter der Präambel von Vers 6 in exakter rückläufiger Abfolge auf: «Ich bin *Jhwh, dein Gott*, der dich *herausgeführt* hat aus dem Lande *Ägypten*, aus dem *Sklaven*haus.» Sogar das «*aus* dem Sklavenhaus» in der Präambel nimmt die Sabbatbegründung mit dem «*von* dort» auf. Sieht man weiter, dass das Deuteronomium Gottes Befreiungstat aus Ägypten sonst mit der Vorstellung vom Freikauf verbindet (Dtn 15,15 u. ö.), kann die Verwendung des schon in der Präambel gebrauchten Verbs «herausführen» schwerlich Zufall sein. Offenbar soll die Begründung am Ende des Sabbatgebots in 5,15 mit Bedacht den Anfang des Dekalogs assoziieren.

Sodann weitet 5,14 das Arbeitsverbot am Sabbat gegen Ex 20,10 ausdrücklich auf die für die Arbeit unersetzlichen Zug- und Lasttiere aus. Mit den Stichworten «Ochs und Esel» wird eine Brücke zum Ende des Dekalogs in 5,21 geschlagen. Die Bezüge zu Anfang und Ende des Dekalogs finden sich nur im Sondergut des Sabbatgebotes in Dtn 5, nicht in Ex 20,8–11. Dann aber muss man davon ausgehen, dass die Komposition des Dekalogs in Dtn 5 das Sabbatgebot ganz bewusst als Zentralgebot ausgezeichnet hat.

Trotz der geringen Zahl von Unterschieden präsentiert Dtn 5 einen in der Anlage vollkommen anderen Dekalog. Ex 20 stellt eine lineare Komposition mit herausgehobenem Kopfstück dar, Dtn 5 dagegen eine Zentralkomposition mit dem Sabbatgebot als Zentrum. Zwei kurze Gebote (Missbrauch des Namens Gottes und Ehrung der Eltern) bilden einen inneren Rahmen, die beiden großen Blöcke, die in 5,6–10 Gott und in 5,17–21 den Nächsten betreffen, den äußeren. Mit dem Sabbatgebot und der ausdrücklichen Erinnerung an die Befreiung aus der Sklaverei in Ägypten steht die wöchentliche Feier der Befreiung in der Mitte der Zehn Worte von Dtn 5.

4. Von der Gottesrede am Sinai zu Moses Abschiedsrede: Doppelüberlieferung und Entstehung der Reihe

Zwei Fassungen und ihr Verhältnis zueinander

Stellt man beide Fassungen in einer «Synopse» nebeneinander, lassen sich die Abweichungen schnell erkennen (s. Anhang). Offensichtlich gab es schon in «alttestamentlicher Zeit» keinen einheitlichen Text des Dekalogs, sondern deren zwei. Verwunderlich ist nicht, dass beide Texte in zwanzig Fällen voneinander abweichen, sondern dass man *beide* Versionen kanonisiert hat, *ohne* sie zu harmonisieren. Angesichts der Doppelüberlieferung verlangen die Differenzen eine Erklärung. Alle denkbaren Varianten sind in der Forschung durchgespielt worden. Man kann sie stark vereinfacht auf zwei Grundmodelle reduzieren.

Modell A: Beide Fassungen gehen auf einen Urdekalog zurück. Diese Annahme erklärt den überwiegend gemeinsamen Text. Der aber muss dann in den beiden Fassungen (in der Hauptsache unabhängig voneinander) verschieden erweitert worden sein. Das erklärt die Unterschiede zwischen beiden. Die Rekonstruktion des Urdekalogs erfolgt unter der ungeprüften Voraussetzung, am Anfang hätten «reine Formen» gestanden. Der Urdekalog habe ursprünglich nur aus Verboten bestanden, exakt zehn an der Zahl, die alle als Gottesrede formuliert waren, einem gleichförmigen Muster folgten und keine Begründungen oder Entfaltungen enthielten. Dieser ebenmäßige Urdekalog sei nach und nach durch Veränderungen und Zusätze verunstaltet worden. Gegen dieses Erklärungsmodell spricht entschieden, dass es so viele verschiedene Rekonstruktionen wie Vertreter dieses Modells gibt. Deshalb ist es um diese früher beliebten Rekonstruktionen sehr still geworden. Gleichwohl beruhen diese Versuche teilweise auf richtigen Beobachtungen. Man kann durchaus mit einer Geschichte des Dekalogs rechnen, in deren Verlauf er verändert worden ist, wenn Indizien im Text derartiges nahelegen.

Modell B rechnet mit der literarischen Abhängigkeit beider Fassungen voneinander. Entweder ist der Dekalog – wenn nicht überhaupt im Umkreis des Deuteronomiums entstanden – so doch zuerst in Dtn 5 eingestellt worden, bevor man ihn später in Ex 20 nachgetragen hat. Oder der ursprüngliche Ort des Dekalogs war seit je Ex 20; von dort wurde er nachträglich in das Deuteronomium eingetragen, als man es als Moses Abschiedsrede stilisierte. Gegen Dtn 5 als ursprüngliche Fassung spricht, dass diese – bis auf die beiden «und» in Ex 20,4.17 – den längeren Text bietet. Vor allem aber erweisen sich die Abweichungen in Dtn 5 in fast allen Fällen als bewusste Änderungen der Vorlage in Ex 20. Anderseits liegt beim Bilderverbot und bei der Begründung des Sabbatgebots die Priorität bei der Fassung von Dtn 5. Die Begründung des Sabbat greift auf den siebten Tag im priesterlichen Schöpfungsbericht zurück (Gen 2,2–3). Die Entstehung des Dekalogs war offenbar komplizierter.

Was hat zur Bildung des Dekalogs genötigt? Ein Vergleich des Dekalogs mit seinen Seitenstücken im Bundesbuch zeigt, dass er das Bundesbuch zum größten Teil kennt. Durch seine Position vor dem Bundesbuch wirkt er wie eine Summe dessen, was folgt. Anders als die dort gesammelten Rechtssätze sind die Zehn Gebote grundsätzlicher und allgemeiner formuliert. Das erlaubt, sie nicht nur auf eine spezielle Situation zu beziehen. Das apodiktische «Du sollst (nicht)» entzieht sie allem Wenn und Aber. Sie bedürfen allerdings der Konkretisierung. So verhalten sich die Zehn Gebote zum Bundesbuch wie Grundsätze zu deren Auslegung. Die Differenz zwischen den Zehn Geboten und den konkreten Lebenssituationen, wie sie exemplarisch in den Rechtssätzen des Bundesbuches versammelt sind, zwingt zu ethischer Urteilsbildung.

Eine Kurzbiographie des Dekalogs

Lange Zeit galt Mose als Gesetzgeber. Im Feuer der historischen Kritik des 19. Jahrhunderts verlor zuerst das Deuteronomium seine mosaische Autorität, zuletzt büßte die Priesterschrift sie ein. Damit war von Mose als Gesetzgeber nichts mehr übriggeblieben. Allein die Verbindung der Zehn Gebote mit Mose gehörte für viele noch lange zu den historischen Selbstverständlichkeiten, die keiner Begründung bedurften. Aber nachdem die Gestalt des Mose für die historische Forschung weitgehend im Dunkel der Legende verschwunden ist, hat sich auch die Frage nach einer möglichen mosaischen Herkunft der Zehn Gebote erledigt.

Es fällt auf, dass der Staat in den Zehn Geboten überhaupt nicht vorkommt. Früher galt dieser negative Befund als Ausweis ihrer vorstaatlichen Herkunft, heute wird er dagegen eher als Argument für deren nachstaatliche Provenienz benutzt. Bei Lichte besehen taugt die unbestreitbare Beobachtung als Argument allerdings weder für das eine noch für das andere. Denn der Dekalog ist allein am Verhältnis des Menschen zum Mitmenschen («dein Nächster») vor Gott orientiert. Dann aber ist das Fehlen des Staates alles andere als verwunderlich. Was also können wir einigermaßen begründet über die Entstehung des Dekalogs sagen?

(1) Der älteste Dekalog in Ex 20 enthielt weder Bilderverbot noch Sabbatgebot. Er wurde aus Material des schon weit ausgearbeiteten Bundesbuches eigens für diesen Kontext gebildet und diesem als «Lesebrille» vorangestellt. Er kann deshalb nicht älter als dieser Kontext sein. Der wird entscheidend durch die Verbindung von Herausführung aus Ägypten mit der Kundgabe des Gotteswillens am Gottesberg im Bundesbuch bestimmt. Was im Kontext des Buches Exodus breit erzählt wird, findet sich konzentriert im Dekalog selber. Für ihn ist schon in seiner ältesten Gestalt die Verbindung der zehn Worte mit der Präambel charakteristisch, die den Exodus aus Ägypten erinnert. Leider können wir nicht sagen, wann diese Verbindung erstmals hergestellt wurde. Auffällig ist aber, dass selbst die Prophetenbücher, in denen man Derartiges suchen würde, davon

schweigen. So kennt zwar das Hoseabuch den Exodus (11,1; 13,4–5) und spielt in 12,14 sogar auf Mose mit dem Hinweis darauf an, dass Jhwh Israel durch einen Propheten aus Ägypten heraufgeführt hat. Es beklagt an anderer Stelle die Missachtung des Gotteswillens (4,6; 8,1.12). Aber es bringt beide nie in einen Zusammenhang. Selbst dem älteren Kern des Deuteronomiums, der von den meisten in die Zeit des Königs Josia im letzten Drittel des 7. Jahrhunderts datiert wird, ist jene Verbindung unbekannt. Dieses Ur-Deuteronomium beginnt ursprünglich mit dem «Höre Israel» (6,4.6–9), und fährt mit den Bestimmungen zur Beschränkung des Kultus auf einen einzigen Kultort fort (12,13–14.17–18.21a). Erst jüngere Bearbeitungen stellen das Deuteronomium in jenen aus dem Buche Exodus bekannten Rahmen. Diese Bearbeitungen reflektieren den Untergang Judas, stammen also aus der Zeit nach 587 v. Chr.

Angesichts der Gepflogenheiten im Alten Orient sonst fällt auf, dass das im Bundesbuch gesammelte Recht nicht vom König, sondern von Gott durch Vermittlung des Mose erlassen wird. Das erstaunliche Verfahren erhält mit dem Untergang des Königtums und dem Verlust der damit verbundenen staatlichen Selbständigkeit eine so einfache wie einleuchtende Erklärung. Es spricht deshalb alles dafür, dass schon die Verbindung von Exodus und Mitteilung des Gotteswillens am Gottesberg im Buche Exodus erst in jener Zeit vorgenommen wurde.

Diese historische Einordnung des Dekalogs Ex 20 kann mit weiteren Beobachtungen gestützt werden. So hat Lothar Perlitt gezeigt, dass das als Gottesrede formulierte Kopfstück mit Präambel und Fremdgötterverbot (20,2–3.5–6) «nachweislich das Sprachkleid der deuteronomischen Theologie» trägt. Außerdem steht das Fremdgötterverbot in der Sache nahe beim «Höre Israel» (Dtn 6,4) der deuteronomischen Väter. In der Präambel verrät jedoch vor allem die Formel von der Herausführung aus Ägypten als dem Sklavenhaus ihre Herkunft sogar erst von den Söhnen und Enkeln, die das Erbe ihrer deuteronomischen Väter durch vielfältige Bearbeitungen in veränderten Zeiten zu bewahren trachten und die man deshalb «Deuteronomisten» nennt. Das waren freilich keine Papageien, noch sprachen sie mit einer

Stimme. Man kann sie bis zu einem gewissen Grade an den verschiedenen inhaltlichen Akzenten erkennen, die sie setzen.

Aus alledem folgt: Schon die älteste Gestalt des Dekalogs in Ex 20 stammt aus der Zeit nach dem Untergang Judas im 6. Jahrhundert. Sie setzt damit die prophetische Kritik des 8. Jahrhunderts an den sozialen Verwerfungen des Gemeinwesens und auch die erste Auflage des Buches Deuteronomium aus der Zeit Josias im 7. Jahrhundert voraus.

(2) Wie kam der Dekalog von Ex 20 in das Deuteronomium? Das Bundesbuch war in seinem Kern ursprünglich ein selbständiges Rechtsbuch, das wahrscheinlich in der Beamtenausbildung am Jerusalemer Hof beheimatet war. Das Ur-Deuteronomium entstand als Novellierung des älteren Bundesbuches. Die wurde in der späten Königszeit nötig, weil das ältere Bundesbuch den Interessen der Zentralisierung des Kultes auf den Jerusalemer Tempel als einzigen legitimen Kultort nicht genügen konnte. Die deuteronomistischen Söhne und Enkel gaben nach dem Untergang von Königtum und Staat dem Ur-Deuteronomium in mehreren Anläufen einen Rahmen mit Mose als Sprecher. Da lag es nahe, nun auch in der überarbeiteten «Neuauflage» des Deuteronomiums den Dekalog mit Dtn 5 an die Spitze des Gotteswillens zu stellen. Die Bearbeiter nahmen dafür Maß an der ihnen schon vorliegenden Verbindung von Exodus- und Gottesbergerzählung. Sein weitgehend identischer Wortlaut hier wie dort bürgte für die sachliche Übereinstimmung der Auslegung, die der Mittler Mose in den Steppen Moabs jenseits des Jordan im Buche Deuteronomium gab, mit der ursprünglichen Mitteilung des Gotteswillens vom Gottesberg im Buche Exodus.

(3) Jüngere deuteronomistische Gruppen, die besonders am Gesetz und an einer vertragsrechtlichen Fixierung des Gottesverhältnisses orientiert waren, stellten Dtn 4 als Einführung in den Dekalog und in ihr Deuteronomium voran. Sie bleiben zwar wie viele biblische Autoren anonym, haben aber mit ihren weisheitlich-lehrhaften Interessen im Deuteronomium auch sonst tiefe Spuren hinterlassen. In der Wissenschaft hat man den Spuren jener deuteronomistischen Enkel die Bezeichnung

«nomistische» und «bundestheologische» Bearbeitungen gegeben. Jene bundestheologische Bearbeitung fügt in Dtn 4 das Verbot jeder bildlichen Darstellung Gottes ein und begründet das in 4,12.15-20 damit, dass Gott am Gottesberg Horeb zwar aus dem Feuer geredet, dass aber Israel keinerlei Gestalt gesehen habe. Diese Bearbeitung macht aus Dtn 4 eine große Gründungserzählung für das *Bilderverbot*. Dann aber durfte das auch im Dekalog selber nicht fehlen. So kam das Bilderverbot zunächst von Dtn 4 nach Dtn 5. Auf das Konto dieser Bearbeitung geht wahrscheinlich auch die Korrektur der Sippenhaft am Ende des aus Fremdgötter- und Bilderverbot gebildeten Doppelgebots durch die Einschränkung der Folgen auf die, «die mich hassen», und auf die, «die mich lieben und meine Gebote halten». Mit diesen Korrekturen gelangte das Bilderverbot schließlich auch nach Ex 20.

(4) In der Perserzeit entstand aus der Kombination von wöchentlichem Arbeitsverbot am siebten Tag und einem «Sabbat» genannten Mondfest der wöchentliche Sabbat. Er erscheint erstmals im *Sabbatgebot* Ex 20,8-10 und wird dann auch in Dtn 5,12-14 eingetragen.

Offenbar verstand sich das Sabbatgebot nicht ohne weiteres von selbst, so dass man sich genötigt sah, es mit einer *Motivation* zu versehen. Die liegt in Dtn 5,15 mit der Erinnerung an die eigene Sklavenexistenz Israels und an den Exodus ganz auf der Linie einer Bearbeitung, die auch anderwärts im Deuteronomium mit dem Urdatum der Gründungsgeschichte Israels entsprechende Signale gesetzt hat.

Bleibt die nachträglich zugefügte Motivation in Dtn 5,15 ganz im Rahmen der erweiterten nachexilischen Auflage des Deuteronomiums, so greift Ex 20,11 weit über den näheren literarischen Kontext hinaus und begründet die wöchentliche Sabbatruhe mit dem Ruhen Gottes nach seinen Schöpfungswerken. Mit der Reminiszenz an Gen 2,2-3 schlägt Ex 20,11 einen großen Bogen vom Sinai zur Weltschöpfung und verankert das neue Gebot vor aller Geschichte der Menschen in Gottes eigener Praxis. Hier gehört der Grundrhythmus von sechs Tagen Arbeit und einem der Arbeit entzogenen siebten Tag gleichsam zum göttlichen Bauplan der Welt. Größer kann man vom Sabbat nicht denken, als dass man ihn in vollkommene Harmonie mit der Schöpfung bringt. So erscheint allein das Sabbatgebot kosmologisch begründet, und umgekehrt kommt alles Wirken Gottes im Sabbat ans Ziel, der mit dem siebten Tag der Schöpfungswoche schon vorgebildet ist.

5. Die Zehn Worte: Ursprünglicher Sinn und Bedeutung

Ich bin Jhwh, dein Gott

Es gehört zu den Eigentümlichkeiten des Dekalogs, dass von den zahlreichen Mitteilungen des Gotteswillens im Alten Testament allein er mit einer Präambel beginnt, die «dem Ganzen das Gesicht gibt» (Rudolf Smend), weil er Gottes Tat allem menschlichen Tun und Lassen voranstellt.

Damit erinnert die Präambel von ferne an Vasallenverträge, die wir aus dem Alten Orient im 2. Jahrtausend insbesondere von den Hethitern und im 1. Jahrtausend von den Neuassyrern kennen. Diese Verträge folgen häufig einem bestimmten Schema. Den zahlreichen Verpflichtungen in einzelnen Vertragsklauseln steht in der Regel so etwas wie eine Grundsatzerklärung voran, die den Großkönig als denjenigen nennt, der den Vasallen an sich bindet. Außerdem erinnert sie zuweilen an die Wohltaten, die der Großkönig dem Vasallen erwiesen hat. So beginnt beispielsweise der Vertrag, den Ende des 14. Jahrhunderts v. Chr. der hethitische Großkönig Murschili II. mit König Niqmepa aus dem nordsyrischen Stadtstaat Ugarit schließt, so:

> Folgendermaßen (spricht) Meine Sonne (= Prädikat des Großkönigs), Murschili, der Großkönig, der König des Landes Hatti: ... ich, der König, habe dich auf den Thron deines Vaters gesetzt. Das Land deines Vaters habe ich dir zurückgegeben. Und du, Niqmepa, bist mitsamt deinem Land mein Untertan. (TUAT NF II, 165 f.)

Nach dieser Erinnerung, die das Verhältnis des Königs von Ugarit zum Hethiterreich klarstellt, legt Murschili seinem Vasallen zahlreiche Verpflichtungen auf, von denen am wichtigsten die Gewährleistung militärischen Beistands gegen Murschilis Feinde (§ 2–6) und die Auslieferung von politischen Flüchtlingen (§ 7; 9; 12) sind. Zeitlich näher am Dekalog steht der leider nur noch äußerst fragmentarisch erhaltene Vertrag Assurbanipals mit dem Fürsten des arabischen Stammes Qedar aus der Mitte des 7. Jahrhunderts v. Chr. Immerhin lässt sich am Anfang noch erkennen, dass

> Assurbanipal, König von Assyrien, euer Herr, euch Öl bereitgestellt hat (offenbar zu einem Vereidigungsritus) und sein gnädiges Antlitz euch zugewandt hat. (TUAT I, 177, Z. 8–11)

Mit der Berufung auf das besondere Verhältnis, das der Großkönig seinen Vasallen gewährt hat, motivieren diese Verträge deren Vertragstreue. Die in der Grundsatzerklärung erinnerten Wohltaten des Herrn müssen vor jeder einzelnen der zahlreichen Verpflichtungen gehört werden. Eine durchaus vergleichbare Funktion hat die Präambel im Dekalog. Sie begründet das besondere Verhältnis zu dem angesprochenen Du und die daraus erwachsenen Verpflichtungen.

Die Präambel verbindet zwei formelhafte Wendungen miteinander: die sogenannte Selbstvorstellungs- und die Exodusformel. Mit «Ich bin Jhwh, ...» stellt sich zunächst die Gottheit vor. Das ist in der erzählten Situation von Ex 20 insofern sinnvoll, als sich die Gottheit mit dem Dekalog erstmals direkt und ausdrücklich an Israel wendet. Für die oben gewählte Übersetzung spricht die Formulierung in Ps 50,7, die ursprünglich gelautet hat: «‹Jhwh›, dein Gott, bin ich.» Die Selbstvorstellungsformel ist im Alltag beheimatet. So gibt sich Joseph in Gen 45,3 seinen Brüdern in Ägypten mit den Worten zu erkennen: «Ich bin Joseph. Lebt mein Vater noch?» Die Selbstvorstellung einer Gottheit gehört in der polytheistischen Welt des Alten Orients zu den Grundformen religiöser Sprache. Zeitlich am nächsten liegen die Orakel Ischtars aus neuassyrischer Zeit:

> Ich bin die Ischtar von Arbela. Asarhaddon, König von Assyrien:
> In Assur, Ninive, Kalach und Arbela werde ich lange Tage,
> ewige Jahre dem Asarhaddon, meinem König, geben.
> Deine große Hebamme bin ich, deine gute Amme bin ich ...
> (TUAT II, 58)

Wie man an diesem Beispiel sehen kann, hat die Formel keineswegs nur die Funktion, einen bislang Unbekannten vorzustellen. Hier ist sie vielmehr Ausdruck von Hoheit und Autorität, welche die Einlösung der folgenden Versprechen verbürgen. So kann sie auch zwischen Menschen verwendet werden. Nach der Erhöhung Josephs sichert ihm der Pharao den unbedingten Gehorsam aller Ägypter zu:

> Ich bin Pharao! Gegen deinen Willen soll niemand seine Hand und seinen Fuß rühren in ganz Ägyptenland. (Gen 41,44)

In diesem Sinne würde die Selbstvorstellungsformel im Dekalog die Autorität des gebietenden Gottes unterstreichen. Allerdings liegt der Ton hier weniger auf der Selbstvorstellung «Ich bin Jhwh» als vielmehr auf der Apposition «Ich ..., dein Gott». Damit erscheint Gott nicht als Erhalter der kosmischen Ordnung oder als Schöpfer der Welt, sondern als Gott der Angeredeten, zu denen er sich in ein besonderes Verhältnis setzt, das sie von anderen unterscheidet.

Der folgende Relativsatz begründet dies mit der Erfahrung, die Israel schon gemacht hat: «... der ich dich aus dem Land Ägypten herausgeführt habe, aus dem Sklavenhaus.» Die sogenannte Exodusformel geht auf die ursprünglich mit dem Heiligtum von Bethel verbundene Kultformel zurück:

> Siehe, dein Gott, Israel,
> der dich aus dem Lande Ägypten heraufgeführt hat *(ᶜalah)*.
> (Vgl. 1 Kön 12,28 mit Ex 32,4)

Die für die Präambel eigentümliche Verbindung von Selbstvorstellungs- und Exodusformel begegnet erstmals in einem Unheilswort des Propheten Hosea in der zweiten Hälfte des 8. Jahrhunderts, das ursprünglich wohl so gelautet hat:

4a Ich bin Jhwh, dein Gott, vom Lande Ägypten her.
5 Ich «werde dich weiden» in der Wüste, im ausgedörrten Lande.
(Hos 13,4a.5; vgl. 12,10)

Dieses Erbe ist im Dekalog verarbeitet. Allerdings erscheint die Exodusformel hier schon charakteristisch umgeprägt. Sprach deren ältere Gestalt noch von «heraufführen (ʿalah) aus Ägypten» und gab damit das Land als Zielpunkt des Exodus und als Standort der Formulierung zu erkennen, so setzt die jüngere Gestalt neue Akzente. Sie verwandelt die «Heraufführung» in eine «*Heraus*führung» *(yaṣaʾ)* und deutet Ägypten als «*Sklavenhaus*», was außerhalb des Dekalogs in der Bibel nur im Deuteronomium und davon abhängiger Literatur begegnet. Mit der Erinnerung an die Herausführung aus dem Sklavenhaus stellt sich dieser Gott ausdrücklich als Befreier vor und spricht die Adressaten der Zehn Worte als Befreite an.

Wer ist mit «du» und «dein Gott» in der Präambel angesprochen? Wie an den breit gestreuten Belegen der Exodusformel zu sehen ist, bezieht sich die singularische Anrede in diesen Zusammenhängen zunächst einmal auf die kollektive Größe «Israel». Anderseits ist nicht zu übersehen, dass nicht das Volk, sondern nur der Einzelne Eltern und Kinder hat, die Ehe brechen oder stehlen kann. Auch setzen die Straffolgen bei der Missachtung des Fremdgötterverbots mit der Generationenkette die Großfamilie, nicht das Volk voraus. So bezieht sich das angeredete «Du» in allen Verboten und Geboten auf den einzelnen freien Vollbürger, der Eltern hat und wenigstens potentiell Kinder und Sklaven haben kann. Da sich aber der Dekalog an jeden Einzelnen richtet, sofern er diesen Bestimmungen genügt, betrifft er durchaus das Volk als Ganzes. Die Präambel erinnert jeden Einzelnen in Israel an die erfahrene Wohltat der Befreiung. Insofern zielt die Präambel des Dekalogs wie die Grundsatzerklärung in den Vasallenverträgen nicht auf universale Geltung, sondern akzentuiert die besondere Verpflichtung derer, die dieser Gott befreit hat.

Damit gibt die Präambel den Zehn Worten ein anderes Gesicht. Sie gelten Befreiten und halten dazu an, die Freiheit zu bewahren. Aus der erfahrenen Befreiung erwächst die Bindung an den befreienden Gott. Weil die Erfahrung der Befreiung mit anderen verbindet, folgt daraus zugleich die Bindung an den befreiten Nächsten, um die es in der zweiten Tafel des Dekalogs geht.

Du sollst nicht andere Götter haben an meiner statt

Fremdgötter- und Bilderverbot gehören seit alters zu den Charakteristika, durch die das Judentum in der antiken Welt als von allen anderen Religionen verschieden wahrgenommen worden ist. Andersartigkeit und Fremdheit wirken in der Regel ambivalent. So wird die bildlose Verehrung eines einzigen Gottes in der Antike einerseits als Ausdruck einer philosophischen Gottesvorstellung empfunden und stößt durchaus auf Anerkennung. Der Aristotelesschüler Theophrast (4./3. Jahrhundert v. Chr.) hält die Juden für ein Volk von Philosophen, die angesichts des nächtlichen Himmels über «das Göttliche» disputieren. Selbst der sonst nicht gerade als Judenfreund bekannte Tacitus berichtet in seinen *Historien:*

> Die Ägypter verehren eine ganze Menge von Tieren, auch zusammengesetzte Gestalten, die Juden aber haben einen rein geistigen Gottesbegriff und kennen nur ein göttliches Wesen. Als gottlos betrachten sie jeden, der nach menschlichem Gleichnis Götterbilder aus irdischem Stoff gestaltet; das ihnen vorschwebende höchste, die Zeiten überdauernde Wesen ist nach ihrer Ansicht nicht darstellbar, auch keinem Untergang verfallen. Daher stellen sie in ihren Städten keine Götterbilder auf, erst recht nicht in ihren Tempeln. (5,5,4)

Verbreiteter war jedoch das Befremden angesichts der so tiefgehenden Andersartigkeit. Dem Rhetor Apollonius Molon aus Rhodos (1. Jahrhundert n. Chr.) erscheinen die Juden als «gottlos und menschenfeindlich», weil sie «nicht dieselben Götter verehren wie andere Menschen». Und Tacitus nennt die Juden, wenige Zeilen nach der sachlichen Beschreibung, ein «dem Aberglauben ergebenes, echter Religion abholdes Volk», dem alles als unheilig gilt, was bei den Römern heilig ist.

Uns erstaunt am Fremdgötterverbot dagegen, dass es die Existenz nicht nur des Gottes Israels, sondern auch anderer Gottheiten, ihre Macht und Verehrung fraglos voraussetzt. Das verbindet den Dekalog und große Teile der Bibel mit der antiken Welt. Die Frage, ob es Götter gebe, stellt sich nicht. So geht beispielsweise Cicero ganz selbstverständlich davon aus, dass «allen Menschen angeboren und gleichsam in die Seele eingemeißelt ist: Es gibt Götter. Zwar gehen über ihr Wesen die Meinungen auseinander, doch leugnet ihre Existenz niemand.» Wie wirkmächtig fremde Götter sein können, erfährt Israel im Krieg.

> Als Israel den König von Moab in Kir-Hareset, wahrscheinlich dem heutigen el-Kerak in Jordanien, belagert, opfert der in aussichtsloser Lage seinen Kronprinzen als Brandopfer auf der Stadtmauer. Mit diesem äußersten Einsatz fordert der König den Staats- und Dynastiegott Moabs zum Eingreifen auf. Die Wirkung ist verheerend für die israelitischen Belagerer: «Da kam ein großer (Gottes-)Zorn auf Israel, so dass sie abziehen mussten.» (2 Kön 3,27)

Das Fremdgötterverbot kämpft also nicht gegen die Existenz anderer Götter, es bestreitet auch nicht deren Macht, wohl aber richtet es sich gegen die Verehrung anderer Götter in Israel. Mag nach einem von Diogenes Laertius überlieferten Wort des ersten Philosophen Thales aus Milet im 6. Jahrhundert v. Chr. die Welt «voll von Göttern» sein, so soll es doch für Israel hinfort allein diesen einen Gott Jhwh geben. Offenbar verstand sich noch nicht einmal das von selbst, denn sonst hätte man wohl kaum ein ausdrückliches Verbot formulieren müssen. Es geht also um die Einzigkeit der Beziehung, nicht der Existenz. Es handelt sich also nicht um – modern gesprochen – «Monotheismus», sondern um das, was vor bald zweihundert Jahren Schleiermacher «Monolatrie» genannt hat. Die Verehrung eines einzigen Gottes ist aber hier nicht selbstverständliche Praxis, sondern hat bereits programmatischen Charakter. Das verbindet das Fremdgötterverbot mit dem Bekenntnis Dtn 6,4: «Jhwh ist unser Gott; Jhwh ist einer/einzig.» Was allerdings dort nur eine Gruppe innerhalb Juda-Israels bekennt, fordert der Dekalog nun von allen, die zu Israel gehören.

Vor besondere Verstehensprobleme stellen die beiden letzten Wörter, die Luther mit «neben mir» und Martin Buber mit «mir ins Angesicht» übersetzt haben. Wahrscheinlich erklärt sich die kontrovers diskutierte Formulierung am überzeugendsten aus assyrischer Vertragsterminologie. So hat Manfred Krebernik auf eine dem hebräischen ʿal panay entsprechende Wendung im Vertrag Asarhaddons zur Regelung seiner Thronfolge aus dem Jahr 672 v. Chr. aufmerksam gemacht. Dort verpflichtet der assyrische König seine Vasallen unter anderem:

> Ihr sollt auf alles hören, was er (= der König) sagt, und alles tun, was er befiehlt, und keinen anderen König und keinen anderen Herrn *statt seiner* suchen. (Z. 195 ff.)

In diesem Lichte sollte man das Fremdgötterverbot besser übersetzen mit: «Du sollst keine anderen Götter haben an meiner Statt!» Diese Deutung ist auch deshalb allen anderen vorzuziehen, weil sie sich gut in die mit einem Vasallenvertrag verbundenen Assoziationen einfügt, die schon von der Präambel nahegelegt und von anderen Formulierungen im Kopfstück des Dekalogs aufgenommen werden.

Zu denen gehört sogleich die ursprüngliche Fortsetzung in Ex 20,5–6. Sie greift mehrfach auf die Präambel zurück, rahmt dadurch das Fremdgötterverbot und präzisiert zugleich, was es heißt, keine anderen Götter zu haben. Die beiden Verben «du sollst nicht niederfallen vor ihnen und dich nicht zu ihrem Dienst bringen lassen» beschränken sich keineswegs auf den kultischen Bereich. «Niederfallen» gehört zu den Gesten, mit denen der Mensch Gott naht. Aber auf diese Weise tritt auch der Beamte im Hofzeremoniell vor den König und huldigt der Vasall seinem Herrn. Entsprechend beschreibt «dienen» über den Kultus hinaus jedes Dienstverhältnis und begegnet deshalb auch in Vasallenverträgen. Beide Verbote müssen also auf dem Hintergrund der Präambel in diesem Horizont verstanden werden. Der von seinem Gott aus fremdem Dienst Befreite soll weder fremden Göttern kultische Reverenz erweisen, noch als ihr Vasall in einem Treueverhältnis zu ihnen stehen.

Die folgende Begründung mit der «Eifersucht» Jhwhs nimmt

das Gottesverhältnis als ein Vertragsverhältnis auf und deutet dieses als ein Liebesverhältnis in der Konstellation eifersüchtiger Gott – Rivalen – Partner. Vom «eifersüchtigen Gott» ist stets in Begründungen zum Fremdgötterverbot (Ex 34,14 u. ö.) oder zum Bilderverbot (Dtn 4,24) die Rede. Kein Beleg ist älter als der Dekalog. Wie die Fortsetzung zeigt, richtet sich Gottes Eifersucht nicht gegen fremde Götter oder deren Bilder, sondern gegen denjenigen, dem er sich als «dein Gott» vertraut gemacht hat, wenn er «hinter anderen Göttern hergeht» (Dtn 6,14 f.). Mit alledem unterscheidet sich dieser Gott von dem, was im Alten Orient oder im griechisch-römischen Kulturkreis Gott heißt. Dort können zwar die Götter durchaus mit Affekten und aufeinander neidisch vorgestellt werden, aber von der Eifersucht eines Gottes gegenüber seinen Verehrern ist nie die Rede. Zum Wesen der polytheistischen Religionen der Antike gehört grundsätzlich Toleranz, denn jede Gottheit erschließt eine neue Dimension der Welt. Je komplexer die Wirklichkeit erfahren wird, desto differenzierter ist das religiöse Symbolsystem strukturiert. Demgegenüber verbietet das Fremdgötterverbot, Wirklichkeitserfahrungen mit anderen göttlichen Mächten in Zusammenhang zu bringen als allein mit Jhwh.

Erst recht unterscheidet sich das affektgeladene Verhältnis Jhwhs zu denen, die er aus dem Sklavenhaus herausgeführt hat, von den Gottesvorstellungen antiker Philosophie. Während Israels Gott als ein geradezu leidenschaftlich Liebender erscheint, der eifersüchtig auf Treue besteht, ist die stoische Gottesidee von jeder Gefühlsregung und erst recht von Leidenschaft vollkommen frei.

Gottes Eifersucht äußert sich in der abschließenden Androhung von Strafe, der die Ankündigung von Gnadenerweisen an die Seite gestellt ist. Beide haben ihre Heimat in der kultischen Überlieferung, wie wir sie in verschiedenen Varianten auch aus Ex 34,6–7; Dtn 7,9–10 usw. kennen. Die Pointe liegt im Überschuss der Gnade Jhwhs. Während die Strafe für Untreue maximal vier Generationen trifft, also so viel, wie in einem Hause zusammenleben, ist Gottes Treue unerschöpflich und reicht unübersehbar weit.

Der Dekalog rechnet also bei der Bestrafung von Vergehen gegen das Fremdgötterverbot ursprünglich mit einer Sippenhaft. Unter dem Einfluss der in Ez 18 durchgesetzten individuellen Vergeltung wurde die kollektive Bestrafung nachträglich dadurch korrigiert, dass man die Bestrafung ausdrücklich auf diejenigen beschränkt, «die mich hassen», und die Gnadenerweise allein denen zugutekommen lässt, «die mich lieben und meine Gebote halten». Mit dem Gegensatzpaar «hassen» und «lieben» nimmt der Dekalog noch einmal die Sprache der Vasallenverträge auf. So verpflichten sich die Babylonier in einem Vertrag Assurbanipals:

> Wir werden Assurbanipal, König von Assyrien, lieben und seine Feinde hassen.
> Von diesem Tage an, solange wir leben, wird Assurbanipal, König von Assyrien, unser König und Herr sein ... (Nr. 9, Z. 32 ff.)

Ein loyaler, seinem Oberherrn treu ergebener Vasall heißt in den neuassyrischen Verträgen «einer, der seinen Herrn liebt» (TUAT I, 165 § 18). Deshalb werden die Vasallen ausdrücklich aufgefordert:

> Du sollst lieben Assurbanipal, den designierten Kronprinzen ... deinen Herrn, wie dein Leben/dich selbst.» (Nr. 6, Z. 266–268; vgl. mit Lev 19,18)

Es liegt ganz auf dieser Linie, wenn das Deuteronomium immer wieder dazu auffordert, Jhwh mit ganzem Herzen, ganzer Seele und ganzer Kraft zu lieben (6,5) und ihm zu dienen (10,12; 11,13).

Wann ist das Fremdgötterverbot entstanden? Nach allem, was wir derzeit wissen, hat es ein ausdrückliches und generelles Fremdgötterverbot – in welcher Gestalt auch immer – vor dem Dekalog, und d.h. vor dem Untergang Judas, nicht gegeben. Diesem literarischen Befund entspricht das archäologische Bild Israels und Judas in der Königszeit. So hat man bislang fast 1000 weibliche Tonfigurinen, vornehmlich in Privathäusern und Gräbern aus der Zeit zwischen dem 8. und dem 7./6. Jahrhundert, gefunden. Fundkontexte und Darstellung sprechen für die Deutung auf eine Göttin, die wahrscheinlich als Schutzgottheit und Segensmittlerin von den Familien im Rahmen von häuslichen Kulten verehrt wurde. Es spricht manches dafür, sie mit der aus der Bibel bekannten Göttin Aschera zu identifizieren. Sie erscheint auch in mehreren Inschriften, die wahrscheinlich Handelsreisende im frühen 8. Jahrhundert in einer Karawanserei zwischen Gaza und Elat hinterlassen haben. Es handelt sich um Segenswünsche in einem Briefformular, mit denen der Schreiber seinen Herrn dem Staatsgott des Nordreiches Israel, Jhwh, und der ihm zugeordneten Göttin Aschera empfiehlt:

> Ich segne euch (hiermit) vor Jhwh von Samaria und vor seiner Aschera.

Bei allen Unsicherheiten der Deutung bezeugen diese und andere Inschriften den aufregenden Sachverhalt, dass Jhwh im Nordreich des 8. Jahrhunderts v. Chr., also kurz bevor der Prophet Hosea auftritt, eine Partnerin hatte. Davon unterscheiden sich die Verhältnisse in Juda nicht wesentlich, wie aus einer Grabinschrift aus dem 8. Jahrhundert bei Hebron hervorgeht:

> Uriyahu, der Reiche, hat es schreiben (lassen):
> Gesegnet war Uriyahu vor Jhwh.
> Und von seinen Feinden hat er ihn durch seine Aschera errettet.

Es spricht also einiges dafür, dass man in Israel und Juda während der Königszeit neben Jhwh und als seine Partnerin durchaus auch Aschera verehrt und als Segensmittlerin und Schützerin in den Nöten des Alltags angerufen hat. Jhwh war eben zu jener Zeit noch kein «eifersüchtiger Gott», wie ja auch das Verhältnis zu seinen Verehrern noch nicht im Stile eines Vasallenvertrags geordnet war. Von einem gewöhnlichen Polytheismus kann gleichwohl nicht die Rede sein, denn wir kennen weder aus Israel noch aus Juda, aber auch nicht aus den östlichen Nachbarstaaten Ammon, Moab oder Edom ein ausgebildetes Pantheon. Das ist in kulturellen Randlagen auch nicht zu erwarten. Eher handelt es sich um einen religionsinternen Pluralismus. Jhwh war Staats- und Dynastiegott in Samaria und in

Jerusalem wie Milkom in Ammon, Kemosch in Moab und Qaus in Edom. Sie sicherten den Bestand des jeweils mit ihnen verbundenen Königtums und die damit gesetzte Ordnung, sie sorgten für das Gedeihen ihres Landes, ihnen dankte man im Krieg den Sieg. Die Familie aber war die Domäne anderer Mächte. Da versah man sich in Israel wie in Juda des Segens der Aschera, wandte sich an seine Schutzgottheit und pflegte den Kontakt zu den verstorbenen Ahnen der Familie. In einem lang währenden Prozess der Integration wandelten sich die Vorstellungen, die man mit Jhwh verband; auch wuchsen ihm Funktionen zu, die er nicht von Anfang an hatte. So wurde er in der Zeit König Hiskias als Sonnengott vorgestellt. Später prägte der Mondgott von Haran auf seinem Siegeszug nach Westen auch das Bild, das sich die Judäer von ihrem Gott Jhwh machten. Nach und nach unterstellte man Jhwh schließlich die Bereiche der Familie und des Grabes. Allerdings ist es in der an Gottheiten nicht armen Religionsgeschichte des Alten Orients nirgendwo auf dem Wege der Integration des Göttlichen auf bestimmte Gestalten – eine Tendenz, die man im 1. Jahrtausend durchaus auch anderwärts beobachten kann – zu einer exklusiven Verehrung eines Gottes als einzigen gekommen.

Der entscheidende Umbruch ereignete sich in Juda zu der Zeit, als die assyrischen Könige die Welt ihrem Gott Assur zu Füßen legten. In der Zeit der assyrischen Überfremdung schrieben die deuteronomischen Väter und eröffneten ihr Buch in Dtn 6,4 mit dem bekannten programmatischen Bekenntnis. Hier wird – in der Geschichte des Alten Orients singulär – die Einzigkeit eines Gottes mit der Bindung an eine Gruppe («unser Gott») ausgelegt. Dieses Bekenntnis schließt erstmals in der Geschichte Judas die Bindung an andere Götter aus – jedenfalls für die Gruppe, die sich diesem Bekenntnis unterstellt. Deren Nachfahren formulieren den Dekalog und stellen das absolute Verbot aller fremden Gottheiten als Hauptgebot an die Spitze. Von der exklusiven Verehrung Jhwhs durch Israel ist es nur noch ein kleiner Schritt zu dem, was man sehr viel später «Monotheismus» genannt hat. Ein anonymer Prophet formuliert im babylonischen Exil diese Ausschließlichkeit auch begrifflich:

Ich bin der Erste, und ich bin der Letzte,
und außer mir ist kein Gott. (Jes 44,6; vgl. 43,10–11 u. a.)

Hier geht es um mehr als um die Exklusivität der Beziehung zwischen Jhwh und Israel, hier geht es um die Exklusivität dieses Gottes gegenüber allem, was sich anmaßt, Gott zu sein. Jenem Anonymus im Jesajabuch ist es nicht allein um Beziehung, sondern um Erkenntnis zu tun. Deshalb lässt er in mehreren fiktiven Gerichtsreden Jhwh und die Götter zum Rechtsstreit antreten, «damit wir erkennen, ob ihr Götter seid» (Jes 41,23–24). Aber die Vorgeladenen können weder etwas Gutes noch etwas Böses sagen oder tun. Sie sind also gänzlich wirkungslos und haben folglich auch keine Wirklichkeit. Das Fremdgötterverbot im Dekalog steht zwischen dem Bekenntnis von Dtn 6,4 in der ausgehenden Königszeit und jenen Texten aus der späten Exilszeit in Jes 40–48.

Du sollst dir kein (Kult-)Bild (von mir) machen

Der Wortlaut des Bilderverbots gestattet nicht nur eine Deutung. Das wird schnell deutlich, wenn man die beiden in Klammern hinzugefügten Erläuterungen in der Übersetzung beiseite lässt, die schon eine bestimmte Deutung suggerieren. Welche Bilder werden verboten? Verbietet das Bilderverbot nur bildliche Darstellungen Gottes oder auch Darstellungen von Menschen, ja, von Lebewesen überhaupt? Bezieht es sich auf Abbildungen des Gottes Israels oder auf die von fremden Gottheiten? Verbietet es Darstellungen Gottes jeglicher Art oder nur solche zu kultischen Zwecken, also zur Anbetung? Bezieht es sich nur auf frei stehende Vollplastiken oder auch auf Wandbemalungen oder Fußbodenmosaiken? Handelt es sich darüber hinaus um ein generelles Verbot bildender Kunst oder verbietet es derlei nur in sakralen Räumen? Untersagt es gar das Fotografieren oder nur das Filmen? Wir sind nicht die ersten, die diese Fragen stellen. Berühmt geworden ist der Disput Rabbi Gamaliels II. mit einem bibelkundigen griechischen Philosophen am Anfang des 2. Jahrhunderts n. Chr. in Akko, den die Mischna, die maßgebliche Sammlung mündlicher jüdischer Lehre aus dem 2. Jahrhundert n. Chr., im Traktat über den Götzendienst mitteilt. Der Philosoph stellt den Rabbi zur Rede, weil er ein Bad besucht hat, das mit einem Mosaik der Göttin Aphrodite geschmückt war. Der Rabbi begegnet dem Vorwurf des Götzendienstes mit zwei scharfsinnigen und für die Deutung des Bilderverbots aufschlussreichen Argumenten. Erstens sei nicht er zu der Göttin gegangen, sondern diese zu ihm gekommen; denn das Bad ist nicht für die Göttin gemacht, wohl aber Aphrodite (als Schmuck) für das Bad. Und zweitens könne das Bild gar keine Göttin sein, da jedermann im Bad unbekleidet ist und sogar angesichts des Bildes in der Toilette seine Notdurft verrichtet; verhält man sich so gegenüber einer Gottheit? Der Rabbi unterscheidet deutlich zwischen Bildern in kultischer Verwendung und Bildern als Schmuck. Für ihn ist das Bilderverbot ein Kultbildverbot, kein Kunstverbot. Entsprechend unterscheiden auch andere jüdische Gelehrte bildliche Darstellungen auf Wänden und Böden jüdischer Häuser und Synagogen von Kultbildern. Diese weitherzige Auslegung des Bilderverbots war allerdings schon damals weder die einzig mögliche noch allgemein akzeptiert. Daneben erfahren wir aus dem Talmud, dass andere Juden das Bild auf den römischen Münzen, mit denen sie auf dem Markt bezahlten, noch nicht einmal anzuschauen wagten. Was also meint das Bilderverbot ursprünglich?

Entscheidend ist die Bedeutung des hebräischen Begriffs *päsäl* für «Bild», der im Dekalog gewählt wurde. Das Wort hängt mit einem Verb zusammen, das in 1 Kön 5,32 für das «Behauen» von Steinen zum Tempelbau, in Ex 34,1.4 für das «Zurechthauen» der beiden steinernen Tafeln gebraucht wird. Das Nomen bezeichnet eine Skulptur aus unterschiedlichen Materialien, ursprünglich wohl aus Holz oder Stein, später auch aus Metall (z B. in Jes 40,19; 44,10), und es bezeichnet nie ein Kunstwerk an sich, sondern dieses nur in kultischer Verwendung, vornehmlich in Heiligtümern, später auch im Haus- und Privatkult. Diesen Sachverhalten wird die Bedeutung «Kultstatue» am ehesten gerecht. Die gewählte Bildterminologie macht aus dem Bilderverbot eindeutig ein Kultbildverbot. Ein Verbot bildender Kunst und der figürlichen Darstellung von Menschen oder Lebewesen ist – jedenfalls ursprünglich – nicht gemeint, und selbstverständlich richtet sich das Bilderverbot nicht gegen Gottesvorstellungen und sprachliche Bilder, denn über Gott kann nur in Bildern und Gleichnissen geredet werden. Dafür finden sich in der Bibel selbst die eindrücklichsten Beispiele.

Wessen Kultbild wird im Dekalog verboten? Während sich das erste Gebot gegen fremde Götter (im Plural) richtet, untersagt das zweite Gebot die Herstellung eines Kultbildes (im Singular). Diese Differenz legt nicht gerade nahe, das Kultbildverbot auf Fremdgötter zu beziehen. Nachdem das Fremdgötterverbot alle Gottheiten außer Jhwh ausgeschlossen hat, kann nur noch von einem Kultbild für Jhwh die Rede sein. Hinzu kommt, dass das Verbot, «andere Götter» zu «haben», deren Kultbilder als eine Weise einschließen muss, in der man Götter hat, denn die Gottheiten, welche die Deuteronomisten im Sinn und vor Augen haben, werden nicht abstrakt, sondern in Gestalt ihrer Kultbilder verehrt. Das spricht alles dafür, dass das Bilderverbot ursprünglich die Herstellung eines Kultbildes für Jhwh verbot. Nichts anderes ergibt sich aus der großen Predigt über den Dekalog in Dtn 4. Sie formuliert erstmals ein Bilderverbot und gibt die einzige Begründung, die das Verbot in der Bibel erhalten hat. Sie ist so einfach wie überzeugend: Weil ihr am Gottesberg zwar Jhwhs Worte gehört, nicht aber «irgendeine Gestalt» *(kol t^emunah)* gesehen habt (4,15), dürft ihr für Jhwh auf keinen Fall «ein Kultbild in der Gestalt von irgendetwas» *(päsäl t^emunat kol)* anfertigen (4,16.23.25).

Die in unseren Ohren beinahe rationalistisch klingende Begründung des Verbots wird erst begreiflich, wenn man weiß, was es im Alten Orient mit einem Kultbild auf sich hat. Schauen wir einen Moment nach Babylon! Dort ist das Kultbild das Herzstück jedes Heiligtums. Es sichert die heilvolle Gegenwart des Gottes, auf den die kultischen Handlungen ausgerichtet sind. Weil an ihn der Bestand der kosmischen und irdischen Ordnungen gebunden ist, hat der Verlust des Kultbildes, etwa durch Zerstörung oder Verschleppung im Krieg, katastrophale Folgen für das Gemeinwesen. Weil im Kultbild die unsichtbare göttliche Wirklichkeit sichtbare Gestalt angenommen hat, handelt es sich niemals um ein bloßes Abbild, sondern um die reale Repräsentation des unsichtbaren Gottes. Dies ist es freilich nur, sofern sich die Gottheit mit ihrem Bild wesenhaft verbindet. Deshalb kommt es entscheidend auf deren Beteiligung bei der rituell geordneten Herstellung ihres Kultbildes an. Die Handwerker leihen den Göttern nur ihre Hände; sie werden deshalb nach der Vollendung in einem symbolischen Akt «abgeschlagen». Wesentlich für die Überführung der Skulpturen in den Status von Kultbildern sind zwei mehrmals wiederholte rituelle Handlungen. Der Reinigungsritus der «Mundwaschung» trennt das Kultbild von seiner irdischen Vergangenheit und macht es zu einem «Götterbild». Die «Mundöffnung» dagegen belebt das Kultbild, so dass es fortan der «irdische Leib» der in ihm gegenwärtigen Gottheit tatsächlich ist.

Die Begründung des Bilderverbots in Dtn 4 nimmt in einem wichtigen Punkt auf die Vorgänge bei der Herstellung von Kultbildern in Babylon Bezug. Keiner, auch nicht der König, kann einfach ein Kultbild renovieren oder gar neu anfertigen (lassen). Dazu bedarf es einer ausdrücklichen göttlichen Autorisierung. Auch die Gestalt des Bildes ist nicht in das Belieben des Königs, der Priester oder der ausführenden Handwerker gestellt, sondern folgt der Tradition, die in «Modellen» im Tempel bewahrt wird. Bei Unklarheiten fragt man die Gottheit, die – freilich nicht immer – in Orakeln Anweisungen gibt.

Besonders aufschlussreich ist eine heute im Britischen Museum gezeigte steinerne Tafel mit einem Bildrelief im oberen Teil. Es zeigt einen Priester und eine Göttin, die den König vor den Sonnengott Schamasch zur Audienz geleiten, der in seinem himmlischen Palast unter einem Baldachin sitzt. Zwischen den Besuchern und der Gottheit vermittelt das Kultsymbol des Gottes in Sonnengestalt. Den größten Teil der Tafel nimmt ein längerer Text ein. Der berichtet in einem Rückblick von den Umständen, die nach mancherlei Widrigkeiten zur wunderbaren Neuanfertigung der durch die feindlichen Sutäer zerstörten Kultstatue für Schamasch in Sippar geführt haben. Die Zerstörung des Kultbildes war nur möglich, weil Schamasch auf die

Du sollst dir kein (Kult-)Bild (von mir) machen 59

Ein Priester und eine Schutzgöttin geleiten König Nabu-apla-iddina von Babylon vor den Sonnengott Schamasch in seinem himmlischen Palast.

Stadt zornig war. So hatte er seinen irdischen Leib verlassen und sich in seine himmlische Wirklichkeit zurückgezogen. Da die Gestalt der Kultstatue nicht mehr rekonstruiert werden konnte, liess der König bei Schamasch anfragen, allerdings ohne Erfolg: Er «fragte nach seinem (des Gottes) Aussehen, aber sein Gesicht hat er (Schamasch) ihm nicht gegeben». Deshalb musste der König von der Wiederherstellung absehen und konnte nur eine Sonnenscheibe als Kultsymbol aufstellen. Erst 150 Jahre später erwies der Sonnengott einem der Nachfolger «Gnade und wandte sein Gesicht wieder (Sippar) zu. Ein Relief seiner Statue in gebranntem Ton mit seinem Aussehen und seinen Insignien wurde ... gefunden.» Jetzt endlich konnte der König die Statue für Schamasch nach diesem Vorbild «den rituellen Vorschriften entsprechend» ausführen und das glückliche Ereignis auf jener Tafel gebührend würdigen. Wie Schamasch nach der Zerstörung seines Kultbildes sein Aussehen nicht mitteilt («sein Gesicht hat er ihm nicht gegeben»), so lässt auch Jhwh am Horeb seine Gestalt im Verborgenen («eine Gestalt konntet ihr nicht wahrnehmen»: Dtn 4,12.15). Wenn die Gottheit ihre Gestalt nicht kundgibt, kann es nach altorientalischem Verständnis kein Kultbild geben.

Das Bilderverbot im Dekalog wird durch die Wendung «keinerlei Gestalt» und durch drei Relativsätze erläutert. Beide nehmen die vielfältigen ikonographischen Gestaltungsmöglichkeiten bei der Herstellung eines Kultbildes in den Blick. Die Wendung «keinerlei Gestalt» stammt aus Dtn 4,15. Sie schließt jedes figurale Kultbild aus. Damit aber keiner auf dumme Gedanken kommt, entfalten die folgenden Relativsätze, was «keinerlei Gestalt» heißt. Dazu greifen sie das dreigliedrige Weltbild aus Dtn 4,17–18 auf, das im Alten Testament sonst kaum begegnet. Sie beschreiben mit Himmel, Erde, Unterwelt («Wasser unter der Erde») die Welt als ganze und in all ihren Bereichen und schärfen ein, dass nichts in der Welt geeignet ist, Jhwh angemessen zu repräsentieren. Sie haben den ganz konkreten Sinn, alle menschengestaltigen und tiergestaltigen Statuen oder deren Mischformen als Kultbilder für Jhwh eindeutig auszuschließen. An die schroffe Gegenüberstellung von Jhwh und Welt im Ganzen konnte später die ungemein wirkungsvolle Deutung anknüpfen, das Bilderverbot schärfe den unendlichen Unterschied zwischen Gott und Welt ein und wahre die Freiheit Gottes. Sie wurde erst möglich, als der Kampf entschieden war, den das Bilderverbot einst geführt hatte.

Man kann die Geschichte des Bilderverbots schon in der Bibel als eine Geschichte fortwährender Ausweitung nachzeichnen. Am Anfang steht das Verbot eines figuralen Kultbildes für das Jhwh-Heiligtum. Kein Kultbild, in welcher Gestalt auch immer, kann Israels Gott repräsentieren, weil er nicht seine Gestalt, sondern die Zehn Worte am Gottesberg mitgeteilt hat (Dtn 4,12–13). «Gott ist gegenwärtig» – gewiss, jedoch nicht im Kultbild, sondern in der Kundgabe seines Willens, in den Zehn Geboten. Wenn es kein Jhwh-Kultbild im Heiligtum gibt, kann es natürlich auch keine legitimen, weil vom Tempel autorisierten Jhwh-Bilder im privaten Kult geben. Derartige Devotionalien müssen unter diesen Voraussetzungen automatisch zu Fremdgottbildern werden. Nicht von ungefähr binden bereits die folgenden Sätze im Dekalog (Dtn 5,9) das Bilderverbot eng an das Fremdgötterverbot. Wahrscheinlich ist erstmals hier das Kultbildverbot von der Ebene des offiziellen Staatskultes auf die der Familie und des Hauses übertragen worden, denn jedes der Zehn Worte betrifft zunächst den familiären und zwischenmenschlichen Bereich, auch wenn das – wie im Fall des Sabbatgebotes – öffentliche Folgen hat. Vom programmatischen Kultbildverbot ist der Weg zum ausdrücklichen Gebot der Bilderzerstörung nicht weit, weil das Verbot eines Jhwh-Bildes automatisch alle anderen Bilder zu Fremdgötterbildern macht. Insofern stellt sich das Bilderverbot am Ende als Konkretion des Fremdgötterverbots dar (Dtn 7,5.25), das sich auch gegen Steinmale (Masseben) richtet, die man für kultische Zwecke aufstellt, und überhaupt alle fremden Kulte verbietet (Ex 23,23–24; 34,13). Was hier nach der deuteronomistischen Geschichtskonstruktion für die Frühzeit gefordert, aber nur selten eingelöst wurde (man sehe nur Ri 6,25–32; 2 Kön 10,18–27; 11,18; 23), gehört, wenn nicht zum Programm, so doch zum ideologischen Firnis der makkabäischen Kriegsführung in der Mitte des 2. Jahrhunderts v. Chr. (1 Makk 5,68; 13,47).

Schon die ältesten Nachrichten griechischer und lateinischer Autoren über das antike Judentum vermerken als auffälligste Besonderheit jüdischer Religion das Fehlen jedes Kultbildes. Hekataios von Abdera berichtet um 300 v. Chr. als erster Autor außerhalb der Bibel davon, dass die Juden keine Götterbilder in Menschengestalt kennen und dass sich im Jerusalemer Tempel nur ein Altar und ein Leuchter befinden, dessen Licht Tag und Nacht brennt. Tacitus bestätigt das. Er erzählt in seinen um 105 n. Chr. entstandenen Historien, dass Pompeius nach seinem Sieg über Aristobul den Jerusalemer Tempel betreten habe. Seither halte sich die Kunde, der Tempel beherberge kein Götterbild und sei lediglich ein «leerer Raum». War das seit jeher der Fall oder ist das erst das Ergebnis einer bestimmten geschichtlichen Stunde?

Eine mit Kultbildern verbundene Jhwh-Verehrung kann im Nordreich Israel mit großer Wahrscheinlichkeit angenommen werden. Dafür spricht schon die zwar diffamierend übermalte, aber im Kern ältere Annalennotiz 1 Kön 12,25.28.29. Sie berichtet davon, dass zumindest im altehrwürdigen Heiligtum zu Bethel an der Südgrenze des Reiches, wahrscheinlich aber auch in Dan an dessen Nordgrenze, jeweils ein goldener Jungstier gestanden habe. Der Stier war das Symboltier des syrischen Wettergottes. Im Staatsheiligtum Bethel (vgl. Am 7,13) aber repräsentiert er eindeutig Jhwh, «der dich aus Ägypten heraufgeführt hat» (vgl. 1 Kön 12,28b mit Ex 32,4). Dass der Staatskult im Nordreich, der zweifellos Jhwh galt, vor Kultstatuen zelebriert wurde, geht auch aus der Inschrift auf einem Ton-Prisma aus Nimrud/Kalah hervor (TUAT I, 382). Hier rühmt sich der assyrische König Sargon II., wie aus Gaza, Asdod und Askalon so auch 721 v. Chr. aus Samaria mehrere Tausend Einwohner, Streitwagen und «die Götter, auf die sie vertrauten» als Beute weggeschleppt zu haben. Das kann sich nur auf die Kultstatuen beziehen.

Was für das Nordreich gilt, muss freilich nicht für Jerusalem zutreffen. Gab es wenigstens in Juda eine traditionell bildlose Jhwh-Verehrung? Immerhin hat man im Allerheiligsten des Jhwh-Heiligtums in der Festung von Arad drei Masseben gefunden, von denen die größere sorgfältig behauen und rot bemalt war. Vor ihnen wurde geräuchert und geopfert. Dass sie in diesem königlichen Heiligtum Jhwh als Staats- und Dynastiegott der Davididen repräsentierte, ist sehr wahrscheinlich. Sollten zwei Masseben gleichzeitig in Gebrauch gewesen sein, könnte man sie als Repräsentationen von «Jhwh und seiner Aschera» deuten. Dieses Götter-Paar begegnet in einer Grabinschrift auf die Hirbet el-Qom in Juda. Aber auch für figurale Kultstatuen gibt es Hinweise. So erfahren wir aus verstreuten Bemerkungen in der Bibel, dass es wenigstens zeitweise eine Kultstatue der Göttin Aschera im Jerusalemer Tempel gegeben hat. 1 Kön 15,13 macht dafür Maacha, die Großmutter des Königs Asa, verantwortlich. Dass das Ascherabild im Tempel gestanden habe, wird zwar nicht ausdrücklich gesagt, ist aber naheliegend, da es der König im Kidrontal zerstören lässt. Nach 2 Kön 21,7 soll Manasse, der Erzbösewicht auf dem Stuhle Davids in den Augen der Deuteronomisten, ein Kultbild *(päsäl)* der Aschera nicht nur selbst «gemacht», sondern auch im Tempel aufgestellt haben. Sein frommer Enkel Josia entfernt es (2 Kön 23,6) zusammen mit anderen Kultobjekten (wie die Pferde und den Wagen des Sonnengottes) aus dem Tempel und vernichtet es ebenfalls im Kidrontal. Bei keiner der kleineren oder größeren Reformen, mit denen die älteren Deuteronomisten ihre Darstellung der Königszeit würzen, berufen sie sich auf das Bilderverbot. Offenbar kannten sie es – anders als das Fremdgötterverbot – noch nicht. Hinzu kommt die massive Häufung von Ascherafigurinen und Reiterstatuetten in Juda, speziell in Jerusalem, die archäologisch dokumentiert sind. Nach allem, was wir sonst von Götterfigurinen für den privaten Gebrauch wissen, setzen derartige Miniaturkopien stets entsprechende Kultbilder im Heiligtum voraus. Wenn man nach alledem mit einem Kultbild für Aschera im Tempel rechnen muss, fällt es schwer zu glauben, man habe zwar Aschera in einem Kultbild, Jhwh dagegen bildlos verehrt. Nun wird Jhwh in Jerusalem einige Male «der Kerubenthroner» genannt (vgl. Ps 80,2 mit 18,11 u. a.). Der Titel spielt auf die beiden Skulpturen an, die in der Königszeit im Allerheiligsten des Tempels nebeneinander gestanden und mit ihren Flügeln einen Thron gebildet haben (1 Kön 6,23–28). Dass dieser Gottesthron leer gewesen sei, schließt man aus den riesigen Ausmaßen und dem Fehlen der Beschreibung einer Sitzstatue. Allerdings dürften die Maße, wie vieles andere im Tempelbaubericht, der Ausmalung aus persischer Zeit zu verdanken sein, als der «Tempel Salomos» mangels konkreter Anschauung schon längst ein Objekt der Verklärung geworden war. Mit der suggerierten Vorstellung eines leeren Gottesthrons tragen jene späten Autoren den Erfordernissen des Bilderverbots schon in ihrer Vorstellung vom Tempel Salomos Rechnung. Es gibt also gute Gründe, wenn auch keine strengen Beweise, für die Vermutung, der Kerubenthron und das Allerheiligste im Jerusalemer Tempel seien in vorexilischer Zeit durchaus nicht leer gewesen, sondern erst als Folge des Bilderverbots sorgfältig von allem geleert worden, was an Kultstatuen auch nur von ferne erinnert.

Wie ist es zu jenem Bilderverbot gekommen? Keiner der wenigen als Analogie immer wieder bemühten Kulte, die ohne figurale Kultbilder auskommen, kennt ein ausdrückliches Bilderverbot. Deshalb ist die Annahme einer evolutionären Entwicklung von einer faktisch bildlosen Jhwh-Verehrung, die höchstens nichtfigurale Masseben kannte, zu einer programmatischen Bildlosigkeit höchst unwahrscheinlich. Ein Kultbildverbot begegnet erstmals nach dem Untergang Judas und der Zerstörung des Jerusalemer Tempels in der Perserzeit. Es liegt deshalb nahe, die tiefere Ursache für das programmatische Verbot in jenem für die Kultpraxis einschneidenden Ereignis zu vermuten. Entweder hatte die Armee Nebukadnezzars bei der Eroberung Jerusalems 587 v. Chr. das Kultbild Jhwhs verschleppt und wegen des Materialwertes zerstört oder es war auf andere Weise verloren gegangen. Mit den Planungen für den Wiederaufbau, also spätestens seit 520 v. Chr., stellte sich die Frage, wie denn die Gegenwart Jhwhs im neuen Heiligtum kultisch realisiert werden soll. Der mehr als zwei Generationen zurückliegende Verlust des Jhwh-Bildes kam einem Traditionsabbruch gleich. In dieser Hinsicht befinden sich die Judäer in einer ähnlichen Lage wie der babylonische König nach der Zerstörung des Kultbilds für Schamasch in Sippar. Eine Stimme aus dem vielstimmigen Chor der Meinungen vernehmen wir in Dtn 4. Sie knüpft an die altorientalische Bildtheologie an, verbindet sie aber mit der Ursprungsgeschichte Israels. Sie erzählt die maßgebende Begegnung Israels mit seinem Gott so, dass Gott sich zwar hören, aber nicht sehen lässt. Weil Israel keine Gestalt seines Gottes kennt, in der er sich selbst mitgeteilt hätte, kann und darf es kein Kultbild im Tempel geben. An dessen Stelle tritt die Mitteilung des Gotteswillens, zusammengefasst in den Zehn Worten. Eine andere Lösung vertritt die im priesterlichen Milieu beheimatete Gruppe um Sacharja. Sie beruft sich für ihr Präsenzsymbol Gottes im neuen Tempel auf eine visionäre Gottesoffenbarung: Ein goldener Leuchter mit sieben mal sieben Flammen (Sach 4,1–5) symbolisiert nicht nur Gottes Gegenwart in Israel, sondern in der ganzen Welt (4,10b). Beide Entwürfe haben sich am Ende durchgesetzt. Im zweiten Tempel befand sich kein Kultbild, aber ein siebenarmiger Leuchter, der jedoch nicht im Allerheiligsten, sondern an der Südwand des Langhauses stand, wie wir aus 1 Makk 1,21; 4,49 und von Josephus erfahren. Insofern war das Allerheiligste, die *cella*, tatsächlich leer: «In ihm befand sich überhaupt nichts ...» Die Gestalt des Leuchters weicht freilich von der in Sach 4 beschriebenen ab und folgt Ex 25,31–40. So begegnen wir ihm auch unter der Beute aus dem jüdischen Krieg auf dem Titusbogen in Rom aus der Zeit Domitians (um 90 n. Chr.). Was für den Tempel relativ rasch entschieden war, setzte sich offenbar in Haus und Familie nur allmählich durch (Ex 20,23; 34,17). Allerdings handelt es sich nun stets um Fremdgötterbilder. Wie attraktiv dergleichen noch in der Zeit der Makkabäerkämpfe gewesen ist, zeigt der in 2 Makk 12,40 berichtete Brauch, Bilder der «Götzen von Jamnia» als schützende Amulette unter dem Soldatenrock zu tragen, die sich aber als gänzlich wirkungslos erweisen.

Du sollst den Namen Jhwhs, deines Gottes, nicht zum Trug aussprechen

Worauf zielt das Verbot? Außer Frage steht, dass es den Gottesnamen nicht generell verbietet, sondern nur dessen missbräuchliche Verwendung. Insofern setzt es den rechten Gebrauch selbstverständlich voraus, zielt also von Hause aus nicht auf den jüdischen Brauch, das Aussprechen des Gottesnamens überhaupt zu vermeiden, der übrigens auch nicht mit dem Dekalog begründet wird. Außer Frage steht auch, dass es den Gottesnamen schützen will. Aber wovor? Entweder deutet man es auf jede Art missbräuchlichen Umgangs mit dem Namen Gottes, oder man bezieht es auf ein ganz bestimmtes Vergehen, wobei man vor allem an den Meineid denkt. Die umfassende Deutung zieht Luther vor:

> … dass wir bei seinem Namen nicht fluchen, schwören, zaubern,
>   lügen oder trügen,
> sondern denselben in allen Nöten anrufen, beten, loben und
>   danken.

Die Deutung auf den Eid vertritt das Judentum seit Philo und Josephus. Eine Entscheidung ist deshalb nicht leicht, weil es für das Verbot keine Analogien im Alten Testament gibt, so dass die Vermutung manches für sich hat, das Verbot sei in seiner vorliegenden Gestalt erst eigens für den Dekalog geschaffen worden.

Dafür spricht auch sein Ort zwischen dem durch Rahmung zu einem Paar verbundenen Fremdgötter- und Bilderverbot und den beiden Geboten, den Sabbat zu heiligen und die Eltern zu ehren, die in ihrer positiven Fassung ebenfalls ein Paar bilden. Wie sehr dem Verfasser der Schutz des Gottesnamens am Herzen lag, kann man daraus entnehmen, dass es als einziges Verbot im Dekalog eine Drohung ohne Verheißung enthält.

Das hängt mit dem antiken Verständnis des Namens zusammen. Der Name bedeutet in der Antike mehr als eine unterscheidende Bezeichnung. Zwischen dem Namen und der mit ihm benannten Sache besteht ein wesenhafter Zusammenhang. Man kann das am Anfang des babylonischen Weltschöpfungsepos *Enuma Elisch* sehen:

> Als droben der Himmel (noch) nicht genannt,
> drunten die Feste (noch) nicht mit Namen gerufen war, ...
> als von den Göttern (noch) kein einziger geschaffen war,
> ein Name (noch) nicht gerufen war ...

Was keinen Namen hat, gibt es nicht, und umgekehrt steht der Name stellvertretend für den Genannten. Man sehe nur, wie häufig Jhwh und «sein Name» parallel genannt werden:

> Jhwh erhöre dich am Tag der Not,
> der Name des Gottes Jakobs beschütze dich! (Ps 20,2)

Weil der Name die Person vollkommen vertritt, bedeutet das Ausrufen des Namens zugleich ein Verfügen über den Benannten. Deshalb vergeht sich an seinem Träger, wer sich am Namen vergreift. Auf dieser engen Korrelation von Name und Person beruht alles magische Denken. So ist die Macht des Rumpelstilzchen gebrochen, als die Königstochter seinen Namen nennt. Vor diesem Hintergrund sichert das Verbot Gottes Freiheit gegen alles magische oder jedenfalls eigenmächtige Verfügen.

Diese Deutung entspricht ganz dem Gedankengang vom ersten bis zum dritten Gebot. Jhwh ist für Israel gegenwärtig: nicht als einer von vielen, sondern als einziger (I), nicht im Kultbild (II), sondern in seinem Namen (III). In diesem Zusammenhang richtet sich das Verbot gegen jeden nur denkbaren Missbrauch und schützt dadurch den rechten Gebrauch des Namens Gottes. Luthers Deutung ist also durchaus kontextgemäß. Der Kontext setzt aber noch eine weitere Pointe, wenn man die Brücke von Gottes Selbstvorstellung in der Präambel («Ich bin Jhwh, dein Gott ...») zur Sicherung seines Namens vor Missbrauch bedenkt. Gottes Ich tritt in seinem Namen einem Du gegenüber. Insofern sichert das Verbot die personale Begegnung zwischen Gott und Mensch. Dieses Verständnis des Gottesnamens kommt in einem frühchristlichen Gebet aus dem 2. Jahrhundert eindringlich zur Geltung:

> Wir danken dir, heiliger Vater, für deinen heiligen Namen,
> den du in unseren Herzen hast Herberge nehmen lassen.
> (Didache 10,2)

Nimmt man das Verbot jedoch für sich, könnte es einen ganz konkreten Hintergrund haben. Dessen genaue Bestimmung hängt von den Zusammenhängen ab, in denen das oben mit «Trug» übersetzte hebräische Wort *šaw'* gebraucht wird. Geht man von der Bedeutung «vergeblich», «umsonst» aus, die das Wort zum Beispiel in Ps 127,1 hat, richtet sich das Verbot gegen jedes unbedachte Aussprechen des Gottesnamens. Näher liegt jedoch ein rechtlicher Hintergrund des Verbots. In Ps 24,4 gewährt Gott seine Nähe im Tempel dem,

> der mich nicht fälschlich genannt
> und der nicht betrügerisch geschworen hat.

Die Formulierung der ersten Zeile entspricht dem des Verbots im Dekalog; die zweite Zeile deutet die erste als Meineid. Lev 19,12 verbietet mit etwas anderen Worten gleichfalls: «Ihr sollt nicht mit meinem Namen falsch schwören!» Jeder Eid war mit einer Selbstverfluchung für den Fall des Falscheides verbunden. Dabei wurde die Gottheit namentlich angerufen, damit diese über dem Eid wacht und im negativen Falle die Fluchfolgen am Meineidigen vollstreckt. Das kann man an Formeln wie «So wahr Jhwh lebt!» (Jer 5,2) oder «Gott tue mir dies oder das, wenn ...!» (1 Kön 2,23 u.ö.) noch sehen.

Vor allem bei strittigen Besitzansprüchen und Verbrechen, die mit dem Tode geahndet werden, können Falscheide verhängnisvolle Folgen haben. So reagieren die Vision von der fliegenden Fluchrolle in Sach 5,1-4 und die Warnung vor Meineiden in 8,17 auf den im perserzeitlichen Juda wohl nicht seltenen Fall, dass die neuen Grundbesitzer im Mutterland die Beweisnot der aus dem Exil zurückkehrenden Alteigentümer schamlos ausnutzen und diese mit derartigen Meineiden um Haus und Hof bringen.

Auch in dieser konkreten Deutung richtet sich das Verbot nicht gegen den Eid als solchen, sondern allein dagegen, «den Namen Jhwhs, deines Gottes, zum Trug (auf die Lippen) zu nehmen», also gegen den Meineid. Es überschneidet sich nicht mit dem Verbot falschen Zeugnisses, weil das Alte Israel keinen Zeugeneid zur Bekräftigung einer Aussage kennt. Sollte jedoch das Verbot erst für den Dekalog geschaffen worden sein, muss man die umfassende Deutung aus dem Zusammenhang bevorzugen, die jeden denkbaren Missbrauch und also auch die genannten Konkretionen einschließt.

Was der Dekalog durch das Verbot schützt, erscheint positiv gefasst als erste Bitte im Vaterunser: «Geheiligt werde dein Name!» (Mt 6,9) Die auffällige Formulierung ist durch Jes 29,23 vorbereitet und findet sich auch im *Qaddisch*, einem im Talmud überlieferten Gebet, das noch heute im jüdischen Alltag eine große Rolle spielt.

Gedenke des Sabbattages, ihn zu heiligen

Wir erfahren Zeit im Wechsel von Tag und Nacht, im Rhythmus der Sieben-Tage-Woche und im Kreislauf der Jahre. Tage und Jahre folgen der Natur im Lauf der Sonne. Die Woche aber verdankt sich keinem Rhythmus der Natur, sondern der ganz und gar künstlichen Zäsur, die der siebte Tag dadurch setzt, dass er sich durch Arbeitsruhe von den sechs übrigen Tagen unterscheidet. Jede Woche genießt ein großer Teil der Menschheit – gleichgültig ob Jude, Christ, Moslem oder Atheist – einen arbeitsfreien Tag. Vielerorts besteht darauf sogar ein gesetzlich verbriefter Anspruch. Wochenrhythmus und arbeitsfreier Tag gehen letztlich auf das Sabbatgebot und seine noch älteren Wurzeln in der Bibel zurück.

Das Sabbatgebot ist nicht nur das umfänglichste, sondern auch das am breitesten bezeugte Gebot des Dekalogs in der Bibel. Beides unterstreicht seine Bedeutung. Dabei fällt auf, dass sich weder der wöchentliche Sabbat noch ein ausdrückliches Sabbatgebot vor dem Untergang Judas nachweisen lassen. Dann aber steigt es sogar zum Hauptgebot auf (Neh 9,14 u. ö.). Der Sabbat gehört wie die bildlose Verehrung eines einzigen Gottes zu den unterscheidenden Charakteristika Israels. Er konnte das werden, weil seine Beachtung weder an Landbesitz noch an Tempelkult gebunden war. Er konnte also auch außerhalb des Mutterlandes begangen werden. Das schließt nicht aus, dass man ihn dann im wiedererrichteten Tempel mit kultischen Begehungen gefeiert hat (Num 28,9–10).

Eingeführt wird das Sabbatgebot in Ex 20,8 mit dem Aufruf, dieses Tages zu «gedenken». Das erinnert an die spätpriesterliche Zusammenfassung der Bestimmungen zum Passahfest in Ex 13,3 ff. und bringt den Sabbat in die Nähe der Feste. Priesterlichen Geist atmet auch die Aufforderung, den Sabbattag «zu heiligen». Den Sabbat heiligen heißt, den siebten Tag aus dem Trott der Arbeitswoche auszusondern. Das geschieht nicht durch besondere Taten und Riten. Der Sabbat zeichnet sich vielmehr dadurch aus, dass an ihm mit jeglichem Tun aufgehört wird, das «Werke» schafft, also etwas produziert. Dabei darf man aus Vers 9 für die übrigen sechs Wochentage kein Arbeits*gebot* herauslesen, denn vom Arbeiten ist als Selbstverständlichkeit nur die Rede, weil am siebten Tage damit aufgehört werden soll. Deshalb empfiehlt sich die modale Übersetzung: «Sechs Tage magst (!) du arbeiten …»

Als einziges der Zehn Worte enthält das Sabbatgebot eine Definition: «Der siebte Tag ist Sabbat für Jhwh, deinen Gott.» Üblicherweise definiert man etwas Unbekanntes. Bereits Vers 8 führt jedoch den Sabbat als etwas durchaus Bekanntes ein: «Gedenke des Sabbattages, ihn zu heiligen!» Offenbar wissen die Adressaten, was ein «Sabbat» ist. Unbekannt und neuartig scheint jedoch die Identifizierung des Sabbats mit dem siebten

Tag zu sein, welche die Definition vornimmt. Das fügt sich zu den Texten, die den Sabbat parallel neben dem Neumond(fest) nennen. Festfreude und Opfer zeichnen beide Tage aus (vgl. Jes 1,13 mit Klgl 2,6), aber ein Arbeitsverbot ist mit ihnen nicht verbunden. Sie gelten als günstige Tage, um ein Orakel einzuholen (2 Kön 4,23). Deshalb hat die vor mehr als einhundert Jahren von Johannes Meinhold begründete These auch heute noch viel für sich, dass der Sabbat zunächst ein Tag im Mondzyklus gewesen sei, am ehesten der Vollmond am 15. Tag. Ein mit dem Vollmond verbundenes Fest ist inzwischen auch anderwärts im syrischen Raum bezeugt. Für die Gleichsetzung von Sabbat und Vollmondtag spricht auch, dass der Vollmondtag in neuassyrischen Texten *šap/battu* genannt wird. Damit ist das hebräische Nomen *šabbat* zweifellos verwandt. Vollmond-Sabbat und siebter Tag haben von Hause aus nichts miteinander zu tun. Das ist auch schwer möglich, weil sich die 29½ Tage des Mondzyklus nicht mit dem Wochenrhythmus in Übereinstimmung bringen lassen.

Daneben galt in Israel, ebenfalls seit alters, der siebte Tag als ein besonderer Tag. Er hat allerdings keine positiven kultischen Inhalte, wird auch nicht als Fest begangen, sondern ist allein durch ein absolutes Arbeitstabu ausgezeichnet. Die entsprechenden Anweisungen in Ex 23,12 und 34,21 kennen nicht das Nomen Sabbat, wohl aber das Verb *šabat*. Das bedeutet nicht etwa «Sabbat feiern» oder «ausruhen», sondern bezeichnet das Ende von Tätigkeiten oder von Dingen: Saat und Ernte sollen nicht «aufhören» (Gen 8,22); das Manna «hörte auf», nachdem Israel ins Land gekommen war (Jos 5,12); der Bedrücker ist «ans Ende gekommen» (Jes 14,4); Gott will «ein Ende machen mit all ihrer Freude, ihren Festen, Neumonden und Sabbaten und ihren Festversammlungen» (Hos 2,13) usw. Durch das Arbeitstabu am siebten Tag wird überhaupt erst der Wochenrhythmus von sechs plus eins Tagen begründet. Der ist völlig unabhängig von jedem Naturgeschehen. Er begegnet in der gesamten antiken Welt – soweit bisher bekannt – allein in Israel.

Das Sabbatgebot im Dekalog definiert den alten, Sabbat genannten Vollmond-Tag neu, indem es ihn mit dem Arbeitstabu des siebten Tages verbindet und zu einem wöchentlichen Feiertag umbildet. Die Definition nimmt den ehedem am Mondlauf orientierten Sabbat aus dem Bereich der Natur heraus und ordnet ihn eindeutig dem Gott Israels zu: Am siebten Tag ist er fortan ein «Sabbat für Jhwh». Zu diesem Zwecke nimmt es Formulierungen und wichtige inhaltliche Akzente aus den beiden älteren Geboten auf.

Das Arbeitsverbot am siebten Tag in Ex 34,21 hebt die Unterbrechung menschlicher Leistung hervor. Arbeit war in Israel wie in der Antike überhaupt wesentlich Ackerarbeit, wie man schon an der mit ʿabad beschriebenen Tätigkeit von Adam und Eva im Paradies (Gen 2,15) und von Kain im Unterschied zu Abel (3,17–19) sehen kann. Arbeit diente nicht dem Erwerb von Luxus, sondern der Sicherung des Überlebens. Selbst in den Zeiten höchster Beanspruchung bei der Feldbestellung und bei der Ernte soll jeder am siebten Tage sein Überleben in Gottes Hand legen, indem er die Arbeit zur Fristung des Lebens für einen Tag unterbricht:

> Sechs Tage darfst du arbeiten *(ʿabad)*,
> aber am siebten Tag sollst du aufhören *(šabat)*;
> in der Zeit des Pflügens und Erntens sollst du aufhören!

Dagegen macht das Verbot in Ex 23,12 erstmals aus dem siebten Tag einen Ruhetag, indem es als Zweck ausdrücklich das Aufatmen der Eingespannten nennt:

> Sechs Tage darfst du dein Werk werken,
> aber am siebten Tag sollst du aufhören *(šabat)*,
> damit ruhen dein Rind und dein Esel
> und aufatmen der Sohn deiner Sklavin und der Fremde.

«Ruhen» meint mehr, als für einen Tag die Arbeit des Überlebens aus der Hand zu geben, meint vielmehr: wieder zu Atem und zu Kräften kommen, sich erholen. Hier ist der siebte Tag eindeutig eine von Gott seinen Geschöpfen gewährte Wohltat. Die soll auch denen zugute kommen, die für ihr Aufatmen nicht selber sorgen können, den Arbeitsmitteln (Zug- und Lasttiere) und den Abhängigen, selbst auf der untersten sozialen («Sohn der Sklavin») und rechtlichen Stufe («Fremde»).

Das aus diesen Zutaten gebildete Sabbatgebot verschärft (wie schon Ex 23,12) das Arbeitstabu am siebten Tag, denn mit «irgendein Werk» geht es deutlich über die Ackerarbeit hinaus und schließt jede Tätigkeit aus. Die angefügte detaillierte Liste orientiert sich am Hauswesen und geht von innen nach außen alle Arbeitskräfte durch, denen am Sabbat zu arbeiten verboten ist. Die Ehefrau fehlt nicht, sondern ist in dem an erster Stelle angesprochenen «Du» eingeschlossen. Der Fremde oder Schutzbürger erscheint unter den Arbeitskräften, weil dieser Personenkreis zu öffentlichen Arbeiten herangezogen werden konnte (Dtn 29,10). Die Liste schließt unter dem Stichwort «dein Vieh» auch die durch Produktionsmittel geleistete Arbeit am Sabbat aus.

Das Sabbatgebot endet mit nachträglich zugefügten Begründungen. Die mutmaßlich ältere (Dtn 5,15) ruft zur Erinnerung an die Herausführung aus der Sklavenexistenz in Ägypten auf. Indes erschöpft sich das Potential der mit dem Sabbat allwöchentlich erinnerten Befreiung in keiner aktuellen Lage, sondern nährt die Hoffnung auf eine Freiheit ohne Ende. Das rabbinische Judentum hat aus diesem Grunde die Welt und ihre Geschichte als «Rüsttag zum ewigen Sabbat» gedeutet.

Die jüngere Begründung (Ex 20,11) verweist auf Gottes Vorbild bei der Erschaffung der Welt (Gen 2,2–3), der die zeitliche Ordnung der Sieben-Tage-Woche zugrunde liegt: Am siebten Tag vollendet Gott «seine Arbeit, die er gemacht hatte», indem er «aufhört» *(šabat)* und diesen Tag von den übrigen sechs Tagen für immer («er segnete ihn») unterscheidet («und heiligte ihn»). Der Abschluss des Schöpfungsberichts in Gen 2,2–3 lebt ganz von der Terminologie des Sabbatgebotes, ohne den Begriff «Sabbat» zu nennen. Die Begründung des Sabbatgebots in Ex 20,11 bezieht sich ausdrücklich auf den Schöpfungsbericht, deutet aber «aufhören» als «ruhen». Der Sabbat gewährt allwöchentlich Teilhabe an der Ruhe Gottes, die der Welt als Vollendung der Schöpfung eingesenkt wurde.

Ehre deinen Vater und deine Mutter

Keines der Zehn Gebote ist als Mittel repressiver Pädagogik so missbraucht worden wie dieses. Meist musste es dazu herhalten, der elterlichen Autorität aufzuhelfen. So wurde den Heranwachsenden eingeschärft, dass nichts die Eltern mehr ehrt als kindlicher Gehorsam. Dabei übersah man geflissentlich, wer die Adressaten des Dekalogs sind. Heranwachsende haben weder Frau noch Kinder oder Sklaven und verfügen in der Regel nicht über Haus und Hof. Das Gebot kann sich also schwerlich an heranwachsende Kinder gerichtet haben. Das Gebot gilt zweifellos Kindern, aber Kindern, die selber Eltern sind oder wenigstens sein könnten. Erwachsene Kinder als Adressaten machen auch die Deutung unwahrscheinlich, das Gebot fordere Respekt vor der älteren Generation als Vermittlerin der grundlegenden Traditionen. Wer im Dekalog angeredet wird, bedarf keiner Unterweisung mehr. Es spricht deshalb immer noch alles für die Deutung, die schon vor hundert Jahren Caspari vorgeschlagen hat: Das Gebot habe das Verhältnis erwachsener Kinder zu ihren alten Eltern im Blick.

Was heißt für diese Adressaten «ehren» *(kibbed)*? Das Verb hat die Bedeutung «jemanden als gewichtig anerkennen». Ehre erweist man nicht mit leeren Sprüchen, sondern ganz konkret, wie man noch heute an dem Wort «Honorar» sehen kann. Das ist in der Welt der Bibel nicht anders: Bileam soll Geschenke erhalten (Num 22,17–18), der Arzt ein Honorar (Sir 38,1), Gott Opfer (Prv 3,9). Das hebräische Wort für «ehren» gehört überdies zu den Verben, die den Anfang einer Handlung bezeichnen, aber mit dem Anfang zugleich das Ganze in den Blick nehmen können: Wie Lieben auch treu sein umfasst, und wie das Begehren nicht endet, bevor man eine Sache tatsächlich an sich gebracht hat, so muss sich Ehren nicht in einem einmaligen Akt erschöpfen, sondern kann – auf Dauer gestellt – geradezu «in Ehren halten» heißen (so vom Sabbat in Jes 58,13).

Leider finden wir in der Bibel kaum Texte, die ein positives Verhalten gegenüber den Eltern konkret benennen. Dergleichen muss man aus dem Fehlverhalten erwachsener Kinder gegenüber ihren vornehmlich alten Eltern erschließen, das zuweilen genannt wird. Die Eltern ehren meint dann das Gegenteil von «schlagen» (Ex 21,15), «verfluchen» (Ex 21,17; Prv 20,20), «herabsetzen» (Dtn 27,16), «verspotten» (Prv 30,17), «verachten» (Prv 23,22) oder «bestehlen» (Prv 28,24). Besonders aufschlussreich ist Prv 19,26, weil hier an den Hof gedacht ist, von dem man die Alten endlich los sein will. Deshalb tut man ihnen «Gewalt an und verjagt» sie. Auch Prv 23,22 hat betagte Eltern im Blick: «Höre auf deinen Vater, der dich gezeugt hat, und verachte nicht deine Mutter, wenn sie alt geworden ist!» Wie die beiden zuletzt genannten Texte zeigen, erscheint das Profil des Gebots besonders scharf in der Lebenslage alter Eltern, die sich nicht mehr selber versorgen können und die deshalb abhängig von ihren erwachsenen Söhnen sind. In einer Gesellschaft, die keine Versicherungen und keine Altersrente kennt, sichert das Gebot, die Eltern in Ehren zu halten, die Versorgung der nicht mehr arbeitsfähigen Eltern.

Diese Deutung wird durch zahlreiche altorientalische Texte bestätigt. Vor allem in Testamenten und Adoptionsverträgen legen die Erblasser großen Wert auf lebenslange respektvolle Behandlung und ausreichende Versorgung. So sichert in einem Adoptionsvertrag aus Nuzi um 1400 v. Chr. der adoptierte Hutija seinem Adoptivvater zu:

> Solange Hanadu lebt, wird Hutija ihn respektvoll behandeln.
> Hutija wird Jahr für Jahr ein Gewand zu seiner Bekleidung, fünf *imeru* (= Eselslasten) Gerste und zwei *imeru* Weizen zu seiner Ernährung an Hanadu geben. Wenn Hanadu stirbt, wird Hutija ihn beweinen und begraben.

Das entspricht ungefähr den Pflichten eines Sohnes in der syrischen Hafenstadt Ugarit im 2. Jahrtausend. Auch dort ist es der erwachsene Sohn, der für die Pflege des Ahnenkultes sorgt, über die Ehre seines Vaters wacht, ihn bei Trunkenheit stützt und ihm beim Opfermahl im Tempel beisteht, der sein Dach ausbessert und seine Kleider wäscht.

Die Deutung des Elterngebotes auf die Altersversorgung hat im Judentum eine lange Tradition. Das erste ausdrückliche

Zeugnis stammt aus dem 2. Jahrhundert v. Chr. und findet sich in Sir 3:

> 12 Kind, unterstütze deinen Vater im Alter
> und kränke ihn nicht, solange er lebt.
> 13 Wenn sein Verstand nachlässt, übe Nachsicht,
> und entwürdige ihn nicht in deiner ganzen Kraft. ...
> 16 Wie ein Gotteslästerer ist der, der den Vater im Stich lässt,
> und wie ein vom Herrn Verfluchter, der seine Mutter erzürnt.

Vor diesem Hintergrund erklärt sich die im Dekalog angefügte Verheißung. Sie motiviert die Versorgung der Eltern, indem sie den Söhnen ihr Schicksal im Alter auf der eigenen Scholle vor Augen führt: Wie du an deinen Eltern tust, wird dir vergolten werden. Insofern richtet sich das Gebot an Eltern und an Kinder, denn an den eigenen Eltern erfahren schon die kleinen Kinder, wie man als Erwachsene mit alten Eltern umgeht. Das hat im 4. Jahrhundert v. Chr. (Pseudo-)Isokrates in seiner Mahnrede an Demonikos auf folgende Sentenz gebracht:

> Verhalte dich gegenüber deinen Eltern so, wie du möchtest,
> dass sich deine eigenen Kinder dir gegenüber verhalten.

Du sollst nicht töten

Die folgenden drei Kurzverbote stellen uns vor besondere Probleme. Schon ihre Abfolge ist unterschiedlich überliefert. Die Reihenfolge in der Hebräischen Bibel schützt zuerst das Leben, dann die Familie, zuletzt den Besitz. Die griechische Übersetzung der Septuaginta stellt den Ehebruch voran und lässt dann Diebstahl und Mord (in Ex 20) bzw. Mord und Diebstahl (in Dtn 5) folgen. Sie bildet mit der Abfolge von den Eltern zur Ehe einen Schwerpunkt Familie und schützt sie gegen Bedrohungen von innen (Eltern – Kinder) und von außen (Ehebruch). Die Kurzverbote sind vor allem deshalb nicht leicht zu deuten, weil sie nur aus einem verneinten Verb bestehen, dem jede nähere Bestimmung fehlt. Welches Töten ist verboten? Ist Töten in bestimmten Fällen sogar erlaubt? Wie verhält es sich mit der

Selbsttötung? Und mit Notwehr? Das Dilemma wird schnell deutlich, wenn man das Tötungsverbot in einem Katechismus für Frontsoldaten im Ersten Weltkrieg liest. Dort findet sich die Anmerkung: «Gilt nicht für den Kriegsfall.»

Schon die Wahl des Verbs im Tötungsverbot ist aufschlussreich. In welchen Zusammenhängen begegnet das sonst relativ selten gebrauchte Verb *raṣach*? Nie erscheint Gott als Subjekt des Verbs, stets sind es Menschen. Als Objekt begegnen ebenfalls nur Menschen, niemals Tiere. Das Verb wird im Alten Testament weder für das Töten aus Notwehr (Ex 22,1) oder im Krieg noch für die Vollstreckung der Todesstrafe gebraucht. Auch beim Töten von Menschen, die man im Kampf erbeutet hat, um sie der Gottheit zu weihen («Bann»), fehlt das Verb. Das Töten im Krieg, aber auch die Selbsttötung und das Schlachten von Tieren, die ohnehin nie als Objekt des Verbs erscheinen, liegen außerhalb des Horizonts dieses Verbots, da der Dekalog das Verhalten der Judäer untereinander regelt. Die wenigen Fälle der Selbsttötung von Abimelek (Ri 9,54), Simson (16,28–30), Saul und seinem Waffenträger (1 Sam 31,4–5) sowie vom klugen Ratgeber Ahitophel (2 Sam 17,23) werden nicht ohne Verständnis und Sympathie erwähnt; nur das Ende Simris in 1 Kön 16,18 erfährt nachträglich eine negative Bewertung als «Strafe für seine Sünden».

Die für das moderne Rechtsempfinden wichtige Unterscheidung zwischen vorsätzlich begangener und unbeabsichtigter Tat ergibt sich allein aus dem Gebrauch des Verbs, denn in den jüngeren Regelungen des Asyls wird das Verb *raṣach* als Oberbegriff für jedes Töten gebraucht, gleichgültig, ob es unbeabsichtigt und «aus Versehen» geschah (wie in Dtn 19,4–7) oder ob es sich um heimtückischen Mord handelt (wie in Num 35,16–21). In dieser Hinsicht ist jedoch das Tötungsverbot des Dekalogs eindeutig. Da alle Verbote die Angeredeten auf ihre ethische Entscheidung ansprechen, kann das Tötungsverbot nur vorsätzliche, allenfalls fahrlässige, nicht aber unbeabsichtigte Tötung im Blick haben. Überdies ist das mit *raṣach* bezeichnete Töten in einigen Texten mit Brutalität (Ri 20,4) und Hinterlist (Ps 62,4) verbunden. Das legt eine Übersetzung des Verbots mit «Du sollst nicht morden!» nahe, die schon auf die Septuaginta zurückgeht.

Allerdings fallen unter das Tötungsverbot auch alle indirekten Weisen, den Tod herbeizuführen. Das kann mit dem Schein des Rechts geschehen oder dadurch, dass man andere gewähren lässt. So bezichtigt in 1 Kön 21,19 Elia den König, «gemordet» zu haben, obwohl der weder Hand an Naboth gelegt noch dessen Tod geplant oder in Auftrag gegeben hat. Er ist nur den Plänen seiner Frau Isebel nicht entgegengetreten.

Mit dem Tötungsverbot des Dekalogs kann man also keine vegetarische Lebensweise begründen, auch nicht gegen die Todesstrafe vorgehen oder den Frieden zwischen den Völkern befördern. Allerdings steht das Verbot am Beginn eines Prozesses der Ausweitung. Diese Entwicklung lässt sich an kleinen Verschiebungen in jüngeren Texten noch erkennen. So erweitern die Rechtssätze Lev 24,17.21 den Schutz des Lebens ausdrücklich auf jeden Menschen über die Volksgrenzen hinaus, indem sie als Objekt des Totschlags den Bürger Israels durch den Menschen überhaupt ersetzen. Schließlich stellt Gen 9,6 jegliches «Blutvergießen» von Menschen unter die höchstmögliche Strafe:

> Wer Menschenblut vergießt,
> dessen Blut soll durch Menschen vergossen werden,
> denn als Bild Gottes hat er den Menschen gemacht.

Dieser Schutz menschlichen Lebens gilt nicht allein für Israel, sondern für alle Söhne Noahs, also für alle Menschen auf Erden. Er hat seinen Grund darin, dass Gott jedem Menschen die Würde gibt, sein Bild zu sein. Das hat dann auch Konsequenzen für die Todesstrafe, die jedoch hier so selbstverständlich vorausgesetzt ist wie anderwärts in der Bibel der Krieg. Erst der Messias wird Frieden schaffen ohne Waffen (Sach 9,9–10) und die Gerechtigkeit durchsetzen, wenn auch keineswegs gewaltlos (Jes 11,1–5).

Du sollst nicht ehebrechen

Wir verstehen unter Ehebruch den Fall, dass ein Ehepartner den anderen betrügt. Das können der Mann oder die Frau oder beide sein. Die Ehe ist in unserem Kulturkreis eine Institution, die auf Gegenseitigkeit gründet.

In der Bibel und ihrer Welt beruht das Verhältnis der Eheleute jedoch nicht auf Gegenseitigkeit. Man kann das schon an dem hebräischen Begriff für «Ehefrau» sehen. Sie heißt: «die von einem (Ehe-)Herrn Beherrschte». Eine Frau kann niemals «einen Mann nehmen» oder «heiraten», sondern stets nur «verheiratet werden». Was ist unter diesen Umständen mit «Ehebruch» im antiken Israel gemeint? Ex 22,15–16 und Dtn 22,28–29 behandeln den Fall, dass ein Mann mit einer noch nicht verlobten jungen Frau schläft bzw. diese vergewaltigt. Beides wird zwar missbilligt und unter anderem mit einer Zahlung in Höhe des Brautpreises an den Vater der Frau geahndet, aber nicht als Ehebruch bezeichnet. Während der familienrechtliche Stand der jungen Frau mit «nicht verlobt» genau definiert wird, hat der Familienstand des Mannes keinerlei Bedeutung. Er kann verheiratet sein oder auch nicht. Offenbar ist allein der Familienstand der Frau für die Beurteilung des Falles ausschlaggebend. Um Ehebruch handelt es sich nur, wenn die Frau bereits verlobt oder verheiratet ist, mit der ein anderer Mann ein Verhältnis eingeht (vgl. Dtn 22,22 mit Lev 20,10). Während also die verheiratete Frau mit einem fremden Mann ihre eigene Ehe bricht und dafür zur Rechenschaft gezogen wird, hat für den Mann nur der Einbruch in eine fremde Ehe rechtliche Folgen – gleichgültig, ob er verheiratet oder ledig ist.

Warum wird Ehebruch im Alten Israel so scharf sanktioniert? Aus einsichtigen Gründen war in der Antike nur die Mutterschaft, nicht aber die Vaterschaft kontrollierbar. Deshalb hatte ein Ehebruch der Frau viel gravierendere Folgen als der des Mannes. Während der Mann illegitime Kinder immer nur außerhalb seiner Ehe zeugen kann, gebiert die Frau illegitime Kinder in ihrer eigenen Ehe. Das Verbot des Ehebruchs schützt also die Familie vor illegitimen Erbberechtigten. Es zielt auf Rechtssicherheit, nicht auf eheliche Treue im moralischen Sinne. Die Rechtssicherheit dient dem Überleben der Großfamilie, das vom Grundbesitz der Familie abhängt. An sie ist das Geschick jedes Familienmitgliedes noch über den Tod hinaus gebunden. Der Sohn übernimmt die Totenpflege. Die Familiengräber liegen auf der eigenen Scholle. In der Großfamilie sind Lebende und Tote miteinander verbunden, so dass der Verstorbene buchstäblich in seinen Kindern weiterlebt. Vor diesem Hintergrund muss man das Verbot des Ehebruchs verstehen.

Zweierlei verbindet über alle kulturellen Differenzen hinweg unser Verständnis von Ehe mit dem im antiken Israel. Obwohl die Ehe als Lebensform damals eine noch viel größere Bedeutung hatte als heute, galt sie doch nicht als unauflöslich (Hos 2,4). Das Verbot des Ehebruchs berührt nicht das Scheidungsrecht. Das stand allerdings – anders als in Mesopotamien (Codex Hammurapi §§ 137–143) – nur dem Mann und auch nur dann zu, wenn er schwerwiegende Gründe vorbringen konnte. Der Mann fertigte der Frau das «Dokument der Trennung» aus, das der aus der Ehe Entlassenen das Recht zur Wiederverheiratung gab (Dtn 24,1–4). Die Ehe war schon damals keine Privatangelegenheit und ist es auch heute nicht. Ehen werden nicht auf der Parkbank, sondern auf dem Standesamt geschlossen. Dass die Ehe auch im antiken Israel keine Privatangelegenheit war und Ehebruch nicht nur die Familie, sondern die Gemeinschaft gefährdet, kann man an der Bestrafung des Ehebruchs durch Steinigung in Dtn 22,22–24 erkennen. An dieser öffentlichen Hinrichtung mussten sich alle Bürger des Ortes beteiligen (22,21). Wie häufig das vorgekommen sein mag, wissen wir nicht. Die Bibel erzählt jedenfalls nur von einer drohenden Steinigung, deren Vollzug aber Jesus verhindert: «Wer unter euch ohne Sünde ist, der werfe den ersten Stein» (Joh 8,7).

Du sollst nicht stehlen

Diebstahl ist kein Kavaliersdelikt, denn mit dem Eigentum wird die Lebensgrundlage eines freien Bürgers angegriffen. Noch in der Französischen Revolution ist dieser Zusammenhang gegenwärtig. Zu den «natürlichen und unabdingbaren Menschenrechten» gehören in der Erklärung der Rechte des Menschen und des Bürgers von 1789 «die Freiheit, das Eigentum, die Sicherheit und der Widerstand gegen Unterdrückung» (Art. 2). Für wie gravierend man in der Bibel Diebstahl hält, kann man an der Höhe der Strafen für die verschiedenen Delikte sehen. Diebstahl von Menschen (Ex 21,16 u. ö.) und von Eigentum Gottes (Jos 7) wird mit dem Tode des Diebs geahndet. Für Diebstahl von Vieh und Sachen muss doppelter Ersatz geleistet werden (Ex 22,1–8). Gar vier- bis fünffacher Ersatz ist zu leisten, wenn das gestohlene Vieh bereits geschlachtet oder verkauft ist (Ex 21,37). Diese Strafen liegen allerdings weit unter denen des Codex Hammurapi; auch kennt die Bibel nicht die Verstümmelung des Diebes.

Das Verbot zu stehlen (*ganab*, vgl. «Ganove») untersagt, fremdes bewegliches Eigentum zu entwenden. So berichten Ri 17–18, wie ein gewisser Micha seiner Mutter eine beträchtliche Summe Silbers stiehlt, oder Jos 7, wie Achan sich an Gott geweihtem Beutegut vergreift. Das Diebesgut muss einen bestimmten Mindestwert haben, sonst handelt es sich um Mundraub (Dtn 23,25–26; Mk 2,24). Es muss im Schutze des Hauses (Ex 22,1–2.7) oder unter Obhut einer Person (Ex 22,7.11; Gen 31,39) verwahrt gewesen sein; das unterscheidet Diebstahl von Unterschlagung und Fund. Außerdem gehört zum Diebstahl die Heimlichkeit (2 Sam 21,12) wie die Gewalt zum Raub. Die Motive, aus denen gestohlen wird, sind dagegen völlig gleichgültig, denn auch die ehrenwertesten Motive ändern nichts an der verwerflichen Tat.

Wie die anderen beiden Kurzverbote ist auch das Verbot des Diebstahls ohne Objekt formuliert. Daran scheitert die einst von Albrecht Alt in die Diskussion gebrachte und seither sehr populäre These, der Dekalog habe ursprünglich den Diebstahl von Menschen zum Zwecke der Versklavung (vgl. Joseph in Gen 37,25–28) verboten. Das Verbot würde dann am ehesten dem entsprechen, was wir heute unter dem Tatbestand der Freiheitsberaubung fassen. Indes lässt sich allein aus dem Verb «stehlen» diese spezielle Bedeutung nicht entnehmen. Wenn es um den Diebstahl von Menschen geht, wird das stets durch entsprechende Objekte ausdrücklich sichergestellt (Ex 21,16), oder es geht aus dem Zusammenhang eindeutig hervor wie in der Erzählung Josephs von seinem Verkauf (Gen 40,15). In den meisten Fällen wird das Verb für den Diebstahl von Vieh oder Sachen gebraucht. Gegenüber diesen an konkreten Tatbeständen orientierten Rechtssätzen weitet die objektlose Fassung im Dekalog das Verbot auf jeden Diebstahl aus und schließt damit die Freiheitsberaubung von Menschen ein. Von den verbotenen Delikten des Begehrens am Ende des Dekalogs unterscheidet sich der Diebstahl durch die Heimlichkeit und die Beschränkung auf mobiles Eigentum.

Du sollst nicht gegen deinen Nächsten aussagen als Falschzeuge

Die letzten drei Verbote sind dadurch miteinander verbunden, dass sie ausdrücklich «den Nächsten» und damit den unmittelbaren Nachbarn nennen, an dem die eigene Freiheit ihre Grenzen findet. Sie betreffen ganz konkrete Lebensbereiche. Das hat man nicht immer ausreichend beachtet. Luthers Formulierung «Du sollst nicht falsch Zeugnis reden ...» und seine Erklärung haben die pädagogische Anwendung häufig in die Richtung eines allgemeinen Lügenverbots gelenkt. Die Bibel kennt jedoch kein generelles Verbot zu lügen. Lediglich Eph 4,25 gebietet, «die Lüge abzulegen und die Wahrheit zu reden ein jeglicher mit seinem Nächsten», beansprucht aber nur innerhalb der eigenen Gruppe Geltung («weil wir untereinander Glieder sind»).

Was meint das Verbot, als falscher Zeuge auszusagen, ursprünglich? Seine tragenden Formulierungen stammen aus dem Gerichtsverfahren. «Aussagen gegen» ist ein fester Begriff für das Auftreten des Zeugen (Ex 23,2). Als «Falschzeuge» wird derjenige bezeichnet, der Lügen aussagt (Prv 6,19). Auch das Wort «Trug, Nichtiges» in Dtn 5,20 stammt aus dem Prozessrecht in Ex 23,1–2.7. Wehe dem, dessen Leben in der Hand eines Falschzeugen liegt: «Eine Streitaxt, Schwert und Pfeil ist jeder, der gegen seinen Nächsten als Falschzeuge aussagt.»

(Prv 25,18) Weil Lügen in diesen Lebenszusammenhängen Gewalttaten bewirken können, heißt der falsche Zeuge auch «gewalttätiger Zeuge» (Ex 23,1). Falsche Anschuldigungen hat man später dadurch in Grenzen zu halten gesucht, dass man Todesurteile an das Zeugnis von mindestens zwei Zeugen band und außerdem die Zeugen an der Hinrichtung beteiligte (Dtn 17,6-7; 19,15). Im Falle eines Lügenzeugnisses hätten sich die falschen Zeugen damit selber Blutschuld aufgeladen, die sich – wann auch immer – an ihnen auswirkt (Prv 19,5). Allerdings hat auch die Zwei-Zeugen-Regel Fehlurteile nicht verhindern können, wie man an den Fällen Naboth (1 Kön 21) und Jesus (Mk 14,53-59) sieht.

Das im Verbot falschen Zeugnisses für «Falschheit/Lüge» gewählte hebräische Wort *šäqär* bezeichnet die aggressiv gegen den Nächsten gerichtete, gemeinschaftsschädigende Wirkung des Lügens im Unterschied zur Lüge *(käzäb)* im Sinne der Diskrepanz zwischen Aussage und Sachverhalt. Wer als Zeuge lügt *(kizzeb)*, indem er unrichtige Sachverhalte verbreitet und unzutreffende Anschuldigungen erhebt, begeht Treubruch *(šäqär)*, weil er die Basis von Treu und Glauben verlassen hat, auf der jedes Zusammenleben in einer Gesellschaft beruht (Prv 14,5). Das Verbot, in einer Rechtssache als Falschzeuge gegen seinen Nächsten auszusagen, hat die aggressive Wirkung des Lügens *(šäqär)* im Blick, das dem Nächsten schadet, nicht die unrichtigen Aussagen *(kᵉzabim)* als Mittel, durch die das geschieht. Der Akzent liegt weniger auf der Wahrheitsliebe als privater Tugend als vielmehr auf der Kraft der Wahrheit, gestörtes soziales Zusammenleben im öffentlichen Bereich wieder zurechtzubringen.

Indem Dtn 5,20 die im Gerichtsverfahren beheimatete Formulierung «Falschzeuge» durch die Wendung «trügerischer/nichtiger Zeuge» ersetzt, wendet sich der Blick vom Verhältnis des Zeugen zum Nächsten ab und richtet sich stärker auf die Qualität des Zeugen.

Du sollst nicht trachten nach

Mit dem Verbot des Begehrens erscheinen Diebstahl und Ehebruch in neuem Licht. Jesus kommt deshalb in der Bergpredigt zu einer radikalen Sicht:

> Ihr habt gehört, dass gesagt ist: Du sollst nicht ehebrechen.
> Ich aber sage euch: Wer eine Frau ansieht, ihrer zu begehren,
> der hat schon mit ihr die Ehe gebrochen in seinem Herzen.
> (Mt 5,27–28)

Die Weichen für diese Verschärfung wurden freilich früher gestellt. So hat die Septuaginta das hebräische Verb *ḥamad* lediglich als ein innerliches Wünschen aufgefasst und entsprechend mit «begehren» *(epithymein)* übersetzt. Unter stoischem Einfluss erhält das Verbot bei Philo und im hellenistischen Judentum den Charakter eines Appells an die Vernunft, den Kampf mit den Begierden zu bestehen: Lass dich nicht gelüsten! Als gelungenes Beispiel führen 4 Makk 2,2–4 Joseph an, der mit seinem Verstand die Begierde beherrscht, die Potiphars Frau zu entfachen versucht (Gen 39,11–18). Paulus kann mit dem objektlosen Verbot in dieser Ausrichtung sogar die Intention des gesamten Gesetzes zusammenfassen (Röm 7,7), weil das Verb alle möglichen Taten als Folgen des Begehrens aufzufassen ermöglicht. Mit diesem Profil hat das Verbot das christliche Abendland seit Augustinus nachhaltig beeinflusst. Aber trifft das den ursprünglichen Sinn?

Das Verb *ḥamad* hat zunächst mit Augenlust zu tun; denn es richtet sich auf die äußere Erscheinung von Dingen oder Personen. Sodann steht es verschiedentlich in einer Tateinheit mit «wegnehmen» oder «rauben» (vgl. Gen 3,6 und Jos 7,21). Dem wird die Übersetzung mit «es auf etwas abgesehen haben oder nach etwas trachten» (Gerhard Wallis) am besten gerecht. Das Verb *ḥamad* kann aber auch den Wunsch sowie alle Handlungen der Planung und Ausführung umgreifen. Entsprechend betrifft das Verbot Gesinnung, Streben und Tat. Dabei zielt das «trachten nach …» auf widerrechtliche Aneignung oder auf unrechtmäßige Nutzung dessen, was dem Nächsten gehört.

Wodurch unterscheiden sich die beiden letzten Verbote von denen des Diebstahls und des Ehebruchs? Anders als das Verbot des Diebstahls betrifft das des Begehrens auch immobilen Besitz wie das Haus. Es schließt überdies alle legalen Möglichkeiten ein, den Nächsten um Haus und Hof und damit um seine Existenz als freien Bürger zu bringen. Man denke an einen Fall wie Naboths Weinberg (1 Kön 21), aber auch an Schuldknechtschaft und Wucher (vgl. Mi 2,2 mit Am 5,10.12). Beiden Fassungen des letzten Verbots geht es mit der Aufzählung der Objekte um die Sicherung dessen, was zur Existenzgrundlage des Nächsten und zur materiellen Basis seiner Freiheit gehört.

Im Unterschied zum Verbot des Ehebruchs hat das des Begehrens nicht zeitlich begrenzte Affären im Blick, sondern untersagt alle Machenschaften, die Ehefrau eines anderen dauerhaft an sich zu bringen; man denke an David und Bathseba (2 Sam 11).

Dtn 5,21 bringt im letzten Verbot ein anderes Verb. Ob mit «verlangen» (*'awah*) eher ein innerliches Streben gegenüber dem von außen geleiteten «trachten nach …» gemeint ist, lässt sich nicht eindeutig sagen. Der Zug zu einer stärkeren Verinnerlichung setzt schon in der Hebräischen Bibel ein. In den Lehrreden warnt Frau Weisheit vor der «fremden Frau» mit der Mahnung: «Trachte nicht nach ihrer Schönheit *in deinem Herzen!*» (Prv 6,25)

6. Das «Grundprinzip der Tora»: Jüdische Deutungen

Der Dekalog hat in großen Teilen der jüdischen Literatur in hellenistisch-römischer Zeit kaum Spuren hinterlassen. Anderseits spielt er als Zusammenfassung der Tora vor allem im hellenistischen Judentum außerhalb Palästinas eine wichtige Rolle. Nach der Zerstörung des Tempels im 1. Jahrhundert n. Chr. verliert er jedoch unter der Dominanz des rabbinischen Judentums zusehends seine Stellung in Liturgie und Frömmigkeit. Dass dafür sein Gebrauch durch das sich bildende frühe Christentum verantwortlich gewesen sei, ist wenig wahrscheinlich, stand der Dekalog doch in der Alten Kirche nie im Zentrum. Eher hat das zeitgenössische Judentum ihn aus der Sorge zurückgedrängt, seine Hochschätzung könnte eine Abwertung der anderen Weisungen der Tora zur Folge haben.

Das zehnte Gebot der Samaritaner

Die Anfänge der samaritanischen Kultgemeinde mit ihrem Zentrum auf dem Berg Garizim bei Sichem (im ehemaligen Nordreich Israel) sind bislang nicht geklärt. Es handelt sich um eine jüdische Gruppe, die sich vom Jerusalemer Judentum getrennt und auf dem Garizim ein eigenes Heiligtum errichtet hat, nachdem Jerusalem eine selbständige Provinz geworden war. Manche rechnen mit der Trennung schon am Ende des 5. Jahrhunderts v. Chr. Dafür sprechen archäologische Hinweise auf ein Heiligtum, das sich auf dem Südhügel unter der byzantinischen Theotokos-Kirche befunden haben wird. Andere gehen davon aus, dass die Trennung erst in spätpersischer Zeit vollzogen wurde. Auslöser könnten Streitigkeiten um die Oberhoheit innerhalb der Jerusalemer Priesterschaft gewesen sein, von denen Josephus in seinen *Jüdischen Altertümern* berichtet. Die unterlegene Gruppe wäre damals zu den Samaritanern gegangen und hätte sich endgültig von Jerusalem getrennt. Wie dem auch sei, das samaritanische Heiligtum hat es jedenfalls schon vor der Makkabäerzeit gegeben. Es wurde von dem Hasmonäer Johannes Hyrkan I. um 111 v. Chr. zerstört. Die Samaritaner siedelten sich dann in Sychar bei Sichem an. Für eine relativ frühe Trennung der Samaritaner spricht, dass bei ihnen nur die Tora, also die fünf Bücher Mose, als Heilige Schrift anerkannt wird, allerdings in einer besonderen Textfassung, die mitunter von der masoretischen abweicht. Die Trennung muss also stattgefunden haben, bevor der Prophetenkanon abgeschlossen war.

Zu den Besonderheiten der samaritanischen Tora gehören einige Zusätze, die das Heiligtum auf dem Garizim legitimieren. Die Samaritaner schätzen den Dekalog so hoch, dass sie ihre

Sonderinteressen auch in ihre Version des Dekalogs einschreiben. Sie geben ihnen damit die Weihe göttlicher Anordnung. Zu diesem Zweck fügen sie eine eigenwillige Zusammenstellung von biblischen Texten direkt an das Verbot des Begehrens an:

(Ex 13,11a) Jhwh wird dich in das Land der Kanaanäer bringen,
(Dtn 11,29a) in das du jetzt einmarschierst, um es in Besitz zu nehmen.
(Dtn 27,2b–3a) Du sollst große Steine aufrichten, sie mit Kalk bestreichen und auf sie alle Worte dieser Tora schreiben.
(Dtn 27,4) Wenn ihr über den Jordan zieht, sollt ihr diese Steine, die ich euch heute befehle, auf dem Berg «Garizim» (!) aufrichten. Und du sollst sie mit Kalk bestreichen.
(5) Und du sollst dort einen Altar für Jhwh, deinen Gott, bauen, einen Altar aus Steinen. Du darfst sie nicht mit Eisen(werkzeugen) bearbeiten.
(6) Aus unbehauenen Steinen sollst du den Altar Jhwhs, deines Gottes, bauen. Und auf ihm sollst du Brandopfer aufsteigen lassen für Jhwh, deinen Gott.
(7) Und du sollst Heilsopfer schlachten und dort essen, und sollst fröhlich sein vor Jhwh, deinem Gott [auf dem Berg].
(Dtn 11,30) jenseits des Jordan, hinter der Straße nach Westen im Lande der Kanaanäer, die in der Araba wohnen gegenüber Gilgal bei der Orakelterebinthe [gegenüber von Sichem].

Diese Erweiterung ist in der angegebenen Reihenfolge im samaritanischen Pentateuch zwischen die Verbote des Begehrens und den Abschluss der Mitteilung des Dekalogs (Ex 20,18–19a; bzw. Dtn 5,24–27) eingeschoben worden. Sie macht den Kult auf dem Garizim zum zehnten Gebot. Dazu wird in Dtn 27,4 der ursprünglich wahrscheinlich namenlose Berg ausdrücklich mit dem «Garizim» identifiziert und abweichend vom masoretischen Text auch in Vers 7 eingetragen. Das Heiligtum auf dem Garizim erhält – analog zu den beiden Tafeln – zwei steinerne Stelen, auf denen der Dekalog geschrieben steht, und einen Brandopferaltar aus unbehauenen Steinen (27,4–7). Die Auszeichnung des Dekalogs durch seine schriftliche Veröffentlichung im Heiligtum ist singulär. Der Auszeichnung des Garizim als Kultort hat die samaritanische Tora dadurch Rechnung getragen, dass sie die unausgesprochenen Hinweise auf Jerusalem als den Ort, den Jhwh als Stätte seines Namens erwählen wird, in Dtn 12,5.11.21 auf den Garizim umdeutet. Im masoretischen Text steht die Wahl noch aus. Die samaritanische Fassung aber setzt das Verb in die Vergangenheitsform und blickt damit auf Gottes schon erfolgte Wahl zurück, was sich im Großkontext nur auf den Garizim beziehen kann, der ja in den samaritanischen Erweiterungen des Dekalogs von Ex 20 und Dtn 5 schon genannt ist. Über den Garizim hinaus erwähnen die Samaritaner in Dtn 11,30 ausdrücklich den Ort Sichem, der als Heiligtum Abrahams vor der Bestimmung des Garizim-Gebots im Dekalog für sie wichtig ist.

Durch das Garizim-Gebot hat der samaritanische Dekalog eigentlich elf Gebote. Um die Zehnzahl zu wahren, verbindet man hier die beiden Verbote des Begehrens mit der Kopula «und» zum neunten und lässt die Zählung erst mit Fremdgötter- und (Götzen-)Bilderverbot als Erstem beginnen.

Offensichtlich ist der Dekalog von den Samaritanern noch ein zweites Mal ergänzt worden: durch die Einschaltung des sogenannten Prophetengesetzes aus Dtn 18,18–22 in den Abschluss der Gottesrede zwischen Dtn 5,28–29 und 5,30. Die Erwartung eines «Propheten wie Mose» deuten auch die Samaritaner als Hoffnung auf eine endzeitliche Autorität, die göttliche Kunde bringen wird. Aber im Zusammenhang mit der Sinaioffenbarung verstärkt dieser zweite Zusatz vor allem die Bedeutung des Dekalogs. Er ist bei den Samaritanern geradezu Summe ihrer Heiligen Schrift geworden. Inzwischen lagen in Jerusalem nicht nur der Kanonteil «Tora», sondern auch die Bücher der Propheten im Kanonteil «Nebiim» gesammelt und abgeschlossen vor. Angesichts des nun zweiteiligen Jerusalemer Kanons erklärt die zweite Ergänzung des Dekalogs, warum die Gemeinde auf dem Garizim die Prophetenbücher nicht in ihren Kanon der heiligen Schriften übernehmen konnte: Ihnen fehlt die mosaische Autorität.

Der Dekalog in der Septuaginta

Die Septuaginta ist die älteste schriftlich vorliegende Bibelübersetzung überhaupt. Sie verdankt ihren Namen einer im Aristeasbrief berichteten Legende: König Ptolemaios soll 72 Älteste von Jerusalem geholt haben, um die Tora der Juden für die berühmte Bibliothek in Alexandria ins Griechische übersetzen zu lassen. Der Kern dürfte durchaus historisch sein, sieht man einmal von den wundersamen Details ab wie den 72 Gelehrten, die getrennt voneinander wörtlich übereinstimmend übersetzt haben sollen. Die Übersetzung der Tora (= die fünf Bücher Mose) ist wahrscheinlich zwischen 285 und 260 v. Chr. unter wohlwollender Förderung Ptolemaios II. Philadelphos von Juden in Alexandria erstellt worden, damit griechischsprachige Juden Ägyptens und der Diaspora die Tora lesen konnten.

In der Übersetzung des Dekalogs setzt die Septuaginta die schon im hebräischen Text erkennbare Tendenz fort, die Anlage zu systematisieren und die Bedeutung der einzelnen Gebote auszuweiten. Die Septuaginta verbindet Fremdgötter- und Bilderverbot sachlich miteinander. Denn sie gebraucht im Bilderverbot den Fachbegriff für «Götzenbild» *(eidolon)*. Das Verbot richtet sich damit eindeutig gegen Kultbilder von fremden Göttern. Dadurch erscheint es als Auslegung des Fremdgötterverbots. Denn Fremdgötter begegnen nicht abstrakt, sondern in ihren Kultbildern. Das trifft durchaus den Sinn der unmittelbaren Fortsetzung der Gottesrede. Das ältere Verständnis des Bilderverbots als Verbot eines Kultbildes für Jhwh war überflüssig geworden, weil sich der Ausschluss jedes Kultbildes im Jhwh-Kult der nachexilischen Zeit längst durchgesetzt hatte. Dem Verständnis der Septuaginta folgte die Alte Kirche und sah das Bilderverbot sachlich im Fremdgötterverbot enthalten.

In beiden Fassungen des Dekalogs beginnen die objektlosen Kurzverbote nicht mit dem des Tötens, sondern mit dem des Ehebruchs. Dem sind Philo, im Neuen Testament Röm 13,9 und Jak 2,11 und in der Regel die Kirchenväter gefolgt. Auf diese Weise entsteht ein gegenüber der hebräischen Abfolge neuer thematischer Zusammenhang in zwei Dreiergruppen. Die erste schützt mit der Beachtung des Sabbats, der Ehrung der Eltern und dem Verbot des Ehebruchs die Familie durch Unterbrechung der Arbeit, Versorgung der Alten und Sicherung der Ehe. Der Schutz der Familie geht dem der Gesellschaft durch die Verbote von Mord, Diebstahl und Begehren in der zweiten Trias voraus. Der Übersetzer von Ex 20 stellt die zweite Dreiergruppe noch weiter um. Die Reihe Diebstahl, Mord, Begehren entspricht vielleicht dem Gefälle von heimlichen zu öffentlichen Taten.

Mehrfach gleicht die Septuaginta den Dekalog in Ex 20 an die Fassung von Dtn 5 an. Die Angleichung erfolgt sehr bewusst an Dtn 5, nicht an Ex 20. Denn der erzählende Rahmen von Dtn 5 erklärt den Deuteronomium-Dekalog als ausdrückliche Wiederholung des Exodus-Dekalogs. Der Dekalog in Dtn 5 ist also die aktualisierte Fassung letzter Hand, an die sich folglich die Übersetzung hält. Der Dekalog ist in der Septuaginta auf dem besten Wege, ein normativer Text zu werden.

Philo und das hellenistische Judentum

Zwar finden sich in der umfänglichen hellenistisch-jüdischen Literatur kaum wörtliche Zitate des Dekalogs, doch umso mehr Anspielungen. Ausführlich erörtert wird er von Philo und Josephus. Man darf also davon ausgehen, dass der Dekalog in der Übersetzung der Septuaginta als Zusammenfassung der Tora und grundlegende ethische Norm gut bekannt war. Die genannten Autoren wollen den sozialen Geboten eine universale Geltung verschaffen. Dazu weisen sie auf die Berührungen mit der griechischen Tugendlehre und anderen ethischen Maximen hin.

In dieser Hinsicht ist der Aristeasbrief vom Ende des 2. Jahrhunderts v. Chr. besonders instruktiv. In dem fiktiven Brief, der die Entstehung der Septuaginta als einer Heiligen Schrift erzählt, belehrt der Jerusalemer Hohepriester den ptolemäischen Höfling Aristeas über das jüdische Gesetz. Mit den Gesetzen der «Frömmigkeit» und der «Gerechtigkeit» weist er auf die beiden Tafeln des Dekalogs. Frömmigkeit meint das Verhalten gegen Gott. Gerechtigkeit aber ist in der griechischen Tugendlehre die Haupttugend im zwischenmenschlichen Verhalten. Unter das

Stichwort «Gerechtigkeit» versammelt der alexandrinische Anonymus schließlich alle ethischen Einzelweisungen der Tora: «Alles [ist] zum Zweck der Gerechtigkeit gesetzlich geregelt ... und angeordnet ..., damit wir zeitlebens auch in unseren Taten gegen alle (!) Menschen Gerechtigkeit üben, eingedenk Gottes, des Herrschers.» Gerechtigkeit ist der «natürliche Sinn» des Gesetzes überhaupt. Auf diese indirekte Weise erscheint der Dekalog sehr wohl als Summe des gesamten Gesetzes, obwohl er nicht ein einziges Mal zitiert wird. In der Verbindung mit den Tugenden ist der Dekalog offenbar bestens geeignet, das eigene Ethos auch Nichtjuden zu vermitteln.

Philo, der um 40 n. Chr. eine Gesandtschaft alexandrinischer Juden zum Kaiser Caligula nach Rom führte, war der Erste, der die Zehn Worte vom Sinai ausführlich erläutert hat. Die beiden wichtigsten Schriften hierzu entstanden im Zusammenhang eines großen fortlaufenden Kommentars zur Tora (= die fünf Bücher Mose), die nicht von ungefähr mit der Weltschöpfung beginnt und mit der Mitteilung der Gesetze auf dem Sinai endet. Die stoische Verbindung von Gesetz und Natur findet er im Sinaigesetz wieder. Im Traktat *Über den Dekalog* legt er die Zehn Worte als die Hauptstücke oder Grundprinzipien der von Mose gegebenen Einzelgesetze aus, die er dann in vier Büchern nach den Geboten des Dekalogs systematisiert und als deren Konkretionen behandelt. Die Zehnzahl entspricht den zehn aristotelischen Kategorien, in denen alles, was ist, erfasst werden kann (29–31). Damit ist die Tora die «Verwirklichung des Weltgesetzes» (Günter Stemberger). Kein Wunder, dass die Präambel wie alles spezifisch Jüdische keine Rolle mehr spielen kann. So ist beispielsweise auch der Sabbat allen (!) Menschen gegeben – zum Philosophieren und zur Erforschung des Gewissens. «Ist das nun nicht eine treffliche und zu jeder Tugend und ganz besonders zur Frömmigkeit anzutreiben geeignete Lehre?» (99–100)

Da es sich beim Dekalog um das Gesetz handelt, das die Welt im Innersten zusammenhält, kann seine Anlage nicht belanglos sein (50–52). Mose hat die zehn Worte in zwei Reihen zu je fünf geteilt. Der ersten Reihe gebührt gegenüber der zweiten der Vorrang. Sie endet mit der Ehrfurcht gegen die Eltern. Die Eltern gehören in die erste, Gott betreffende Reihe, weil sie «in Nachahmung des Wesens Gottes die Einzelmenschen erzeugen». Die zweite Reihe umfasst dann in der Abfolge der Septuaginta die Verbote vom Ehebruch bis zu den unlauteren Begierden. Den Geboten der ersten Reihe ordnet Philo die «Tugend der Gottesfurcht» (52) zu, denen der zweiten Reihe die Menschenliebe *(philanthropía)* und Gerechtigkeit (121). Ansatzweise zeigt er, wie Verstöße gegen die Verbote der zweiten Reihe auch die der ersten nicht unberührt lassen.

Philo hat erstmals auf breiter Basis den Dekalog als Summe des Sinaigesetzes zur Geltung gebracht. Er hat damit dem Ort der Zehn Gebote vor allen anderen Weisungen Rechnung getragen. Sein Versuch, stoisch-hellenistische Philosophie und Tora über den Dekalog miteinander zu vermitteln, hatte weitreichende Folgen über das Judentum hinaus. Weniger mit seiner Identifizierung von mosaischem Gesetz und Weltgesetz, wohl aber mit seiner Deutung des Dekalogs als allgemeines Sittengesetz für alle Menschen hat er das Tor für eine breite Rezeption der Zehn Gebote bis zu Ambrosius und Luther, ja bis in die gegenwärtigen Bemühungen um ein universales Weltethos geöffnet.

Ähnliche Interessen verfolgt im palästinischen Mutterland Flavius Josephus (ca. 37–100 n. Chr.). Zweimal kommt er in seinem umfänglichen literarischen Werk auf den Dekalog zu sprechen. Nur kurz berichtet er in seinen *Jüdischen Altertümern* von Israel am Sinai. Gott selbst teilt die «zehn Worte» dem Volk mit. Nach Josephus sei es freilich «nicht erlaubt», diese vor nichtjüdischen Lesern wörtlich zu zitieren. Ob der mehrfach vorkommende Gottesname zu diesem Zitationsverbot geführt hat, ist unklar. Auf alle Fälle verstärkt es die Unvergleichlichkeit des mit einem derartigen Geheimnis umgebenen Dekalogs. Deshalb begnügt sich Josephus mit einer kurzen Umschreibung. In ihr wird sein Verständnis des Dekalogs nur umso deutlicher. Josephus folgt der hebräischen Ordnung, aber er bringt den Dekalog schon in der Einführung der ersten beiden Gebote unter die Begriffe «lehren» und «ermahnen». Philosophischer Lehre entsprechend, drängt er alles speziell Jüdische in den Hintergrund und verstärkt zugleich die Tendenz, den Dekalog als Ausdruck eines allgemein menschlichen Ethos zu verstehen. So fehlt im Sabbatgebot die entscheidende Definition, die den siebten Tag mit dem «Sabbat für Jhwh» identifiziert. Dadurch wird aus dem Sabbatgebot das Gebot einer «sozialen Wohltat für alle Menschen» (Ulrich Kellermann). Als solches hat es ja dann auch Karriere gemacht.

Ausführlicher kommt Josephus im zweiten Buch seiner großen Apologie des Judentums, der Schrift *Gegen Apion*, auf die jüdischen Gesetze zu sprechen, die er gegen böswillige Unterstellungen Apions verteidigt. Josephus behandelt die Gesetze in einer Abfolge, die locker am Dekalog orientiert ist. Bestimmungen zum Verhältnis gegenüber Gott stehen am Anfang. Ihnen folgen Regelungen für das Leben innerhalb der Familie und schließlich für das Zusammenleben mit den Mitmenschen. Es dominiert ein philosophischer Gottesbegriff, dessen monotheistisches Profil und prinzipielle Bildlosigkeit schöpfungstheologisch begründet sind. Diese Faktoren trafen in den damaligen Bildungseliten auf Resonanz. Gerade die Bildlosigkeit der jüdischen Gottesverehrung trug ihr zuweilen den Ruf einer vernünftigen Religion ein.

Philo und Josephus verstehen den Dekalog als «jüdische Form allgemeiner Sittlichkeit» (Kellermann). Sie verdankt sich nicht nur göttlicher Kunde, sondern entspricht auch den Regeln der Vernunft. So braucht sich der Dekalog vor der philosophischen Ethik eines aufgeklärten Heidentums nicht zu verstecken.

Frömmigkeit und Gottesdienst

Der Dekalog wurde schon bei seiner Bildung in Ex 20 als systematisierte Summe der Tora entworfen und deshalb der Mitteilung des Bundesbuches vorangestellt. Im hellenistischen Judentum gebrauchte man die überschaubare Zusammenfassung in der eigenen Unterweisung und zur Darstellung jüdischer Identität nach außen.

Das kann man am ältesten handschriftlichen Zeugnis für den Dekalog außerhalb der Bibel gut sehen.

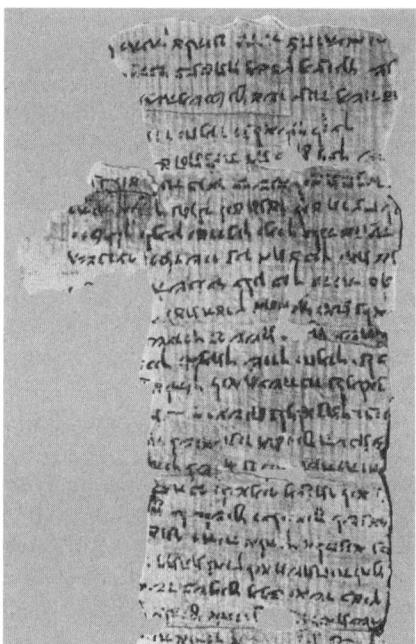

Der Papyrus Nash aus dem 2. oder 1. Jahrhundert v. Chr. ist die älteste erhaltene Handschrift, die den Dekalog enthält.

W. L. Nash erwarb 1902 in Ägypten das oben abgebildete Papyrusblatt aus dem 2. oder 1. Jahrhundert v. Chr. und schenkte es der Universitätsbibliothek Cambridge. Das Blatt enthält den Dekalog und – mit einer Überleitung verbunden, die nur die Septuaginta bringt – das jüdische Bekenntnis «Höre Israel …!» aus Dtn 6,4. Diese Kombination zeigt zunächst einmal, dass es sich nicht um eine Bibelhandschrift handelt, sondern um eine bewusste Zusammenstellung. Mit dem Dekalog als Summe des Gesetzes und dem Bekenntnis bietet der unscheinbare Papyrus so etwas wie die eiserne Ration eines rechten Juden. Sie wird in der jüdischen Elementarunterweisung eine Rolle gespielt haben, konnte aber auch in ganz anderen Zusammenhängen verwendet werden.

Noch heute trägt ein frommer Jude beim Morgengebet am linken Arm und an der Stirn zwei an Riemen befestigte schwarze Kapseln, *Tefillin* genannt. Sie enthalten in genau vorgeschriebener Faltung kleine Pergamentstücke, auf die biblische Texte geschrieben sind. Die ältesten erhaltenen *Tefillin* stammen aus Qumran. Sie enthalten, abweichend vom späteren rabbinischen und gegenwärtigen Brauch, neben anderen Texten aus der Tora stets das «Höre Israel» und häufig auch den Dekalog. Das trifft auch für die *Mezuzot* zu, die am rechten Türpfosten des Eingangs in das Haus oder in die Wohnung angebracht werden. Dafür sind ebenfalls Beispiele aus Qumran bekannt. Die größere Faltung des Papyrus Nash könnte auf eine ursprüngliche Verwendung als *Mezuza* hinweisen. Bei den Samaritanern erfüllen diese Funktion die Dekalog-Inschriften an den Häusern. Mit den Zehn Worten auf der Stirn, am Arm und an der Türe soll die ganze Tora alles Denken und Tun, ja den gesamten Lebenswandel formen. Offenbar hat der Dekalog nicht nur in der ägyptischen Diaspora, sondern auch im palästinischen Mutterland in hellenistisch-römischer Zeit als Zusammenfassung der Tora eine wichtige Rolle im jüdischen Leben gespielt. Die Mischna berichtet, dass der Dekalog einen festen Platz beim täglichen Morgengebet in Tempel und Synagoge zwischen Segensspruch und der Rezitation des «Höre Israel» hatte.

Seit der Zerstörung des Tempels verliert der Dekalog schnell seine herausgehobene Stellung im Gottesdienst. Aus Diskussionen in der Mischna und im babylonischen Talmud kann man schließen, dass der Respekt vor der Geltung und Würde jeder einzelnen der 613 Bestimmungen der Tora weder die Vorstellung einer zusammenfassenden Summe noch gar deren Vorrang duldet. So ist der Dekalog aus der liturgischen Praxis des Judentums verschwunden und – trotz mancher Versuche im 3. und 4. Jahrhundert – nicht wieder in das tägliche Morgengebet eingeführt worden. Im jüdischen Gottesdienst wird der Dekalog nur noch am Wochenfest (zu Pfingsten) rezitiert.

Gleichwohl hat man im Judentum immer gewusst, dass es mit den Zehn Worten eine besondere Bewandtnis hat: «Die zehn Gebote wurden in Entsprechung zu den zehn Worten gesagt, mit denen die Welt erschaffen wurde»; sie sind der Anfang der Welt, und ohne sie wäre die Welt schon längst zugrunde gegangen.

7. Das «natürliche Gesetz»:
Der Dekalog in der Alten Kirche

Die Zehn Gebote im Neuen Testament

Matthäus inszeniert die Bergpredigt Jesu in Mt 5–7 mit dem Gottesberg-Motiv, so dass der Leser die Zehn Gebote erwartet. Indes begegnet der Dekalog im gesamten Neuen Testament nicht ein einziges Mal vollständig. Allerdings bejaht Jesus in einem Streitgespräch mit einem Schriftgelehrten (in der Fassung von Lk 10,25–28) ausdrücklich das Doppelgebot der Liebe zu Gott und dem Nächsten als Weg zum ewigen Leben. Das hat jedenfalls Augustinus als Zusammenfassung der beiden Tafeln des Dekalogs verstanden. Sonst finden sich Zitate und Anspielungen auf den Dekalog im Neuen Testament nur selten und betreffen lediglich Einzelgebote und Teilreihen:

Mk 7,10/Mt 15,4	*Eltern*
Mk 10,19/Mt 19,18 f./ Lk 18,20	zweite Tafel + *Eltern* in wechselnder Reihenfolge
Mt 5,21.27	*Töten, Ehebrechen*
Lk 13,14	*Sabbat*
Röm 2,21 f.	*Stehlen, Ehebrechen*
Röm 7,7	*Begehren* (ohne Objekte) + Gen 2,16 f.
Röm 13,9	*Ehebrechen, Töten, Stehlen, Begehren*
Eph 6,2 f.	*Eltern*
Jak 2,11	*Ehebrechen, Töten*

Alle anderen Anspielungen sind entweder unsicher oder wenig ergiebig.

Der Befund ist mager, aber bemerkenswert. Präambel und Gebote der ersten Tafel fehlen völlig. Daraus darf man allerdings keine voreiligen Schlüsse ziehen. Schon das zeitgenössische Judentum, dem man doch gewiss nicht Unkenntnis vorwerfen wird, zitierte meist nur eine dem Kontext oder der Situation gemäße Auswahl der zweiten Tafel, ohne die Geltung der anderen Gebote auch nur im mindesten in Frage zu stellen. Jesus hat sich nach den Evangelien selbst durchaus an das Erste Gebot gehalten und argumentiert in der Versuchungsgeschichte Mt 4,10 mit den Worten «Du sollst anbeten Gott, deinen Herrn, und ihm allein dienen!» (Dtn 6,13) gegen den Teufel. Auch Paulus klärt das Verhältnis zwischen Jesus und Gott ganz im Sinne des Ersten Gebots (1 Kor 15,28; vgl. Phil 2,11).

Wie schon im Judentum genießt der Dekalog auch bei den Christen eine besondere Wertschätzung. Große Bedeutung erlangt er in der christlichen Gemeinde für die eigene ethische Reflexion. Ansätze dazu finden sich schon bei Jesus selbst in der Bergpredigt. In den beiden ersten Antithesen, in denen Jesus seine Auslegung gegen die der Tradition stellt, greift er beispielhaft die Verbote des Tötens (Mt 5,21–26) und des Ehebrechens (5,27–30) auf. Seine Auslegung führt einen Grundzug der Dekalogfassung einzelner Gebote gegenüber ihren Seitenstücken weiter, indem er die verbotene Tat ausweitet: Nicht erst der Mörder macht sich schuldig, sondern schon der, der seinem Nächsten zürnt. Darüber hinaus stellt er der verbotenen Tat ein positives Verhalten entgegen: Zur Erfüllung des Gebots gehört auch die eigene Bereitschaft zur Versöhnung, wenn man – warum auch immer – den Zorn des Nächsten auf sich gezogen hat. Mit den sechs Antithesen zeichnet Matthäus Jesus als vollmächtigen Ausleger der Tora. Sie zielen auf die Auslegung der Nächstenliebe durch das Gebot der Feindesliebe. Matthäus hat ihnen einen Vorspruch vorangestellt, der Jesu Auslegung als Ausdruck der «besseren Gerechtigkeit» deutet, welche die Tora und die Propheten nicht außer Kraft setzt, sondern erfüllt (5,17–20). Dieser Gedanke wird am Ende der Spruchkomposition mit der Weisung aufgenommen, «vollkommen zu sein, wie euer Vater im Himmel vollkommen ist» (5,48).

Eine grundlegende Reflexion christlicher Ethik mit Hilfe der Zehn Gebote findet sich in der Lehrerzählung von einem begüterten Mann, der Jesus fragt, was er tun müsse, um «ewiges Leben zu erben» (Mk 10,17–27). Jesus erinnert ihn zunächst mit einer Anspielung auf das «Höre Israel» an das Erste Gebot, bevor er mit den Geboten der zweiten Tafel fortfährt. Jesus fasst sie alle mit dem Gebot der Nächstenliebe zusammen (Mt 19,19). Da der Mann sie alle von Jugend an gehalten hat, erübrigt sich eigentlich seine Ausgangsfrage, denn laut Lev 18,5 wird der Mensch leben, der die Gebote erfüllt. Jesus geht jedoch darüber hinaus und bindet ewiges Leben daran, ihm nachzufolgen. Dazu ist aber der Mann nicht bereit. Indem Jesus die zweite Tafel des Dekalogs zitiert, erinnert er an dessen bleibende Gültigkeit. Ohne den im Dekalog verdichteten Gotteswillen zu tun, ist auch bei Jesus ewiges Leben nicht zu gewinnen. Aber ohne ihm nachzufolgen, nützt die Erfüllung der gesamten Tora nichts.

Paulus zitiert in Röm 13,9 die Verbote der zweiten Tafel in Auswahl und in der Abfolge der Septuaginta von Dtn 5,17–19. Am Ende der Reihe weist Paulus auf den exemplarischen Charakter der Auswahl von Geboten hin. Er wählt mit Bedacht die Verbote zum Schutz des Nächsten aus, weil er das Verhältnis von Liebe und Gesetz bedenkt. Nicht von ungefähr wird das Dekalogzitat von den Sätzen gerahmt: «Wer den andern liebt, der hat das Gesetz erfüllt» (Vers 8) – «So ist nun die Liebe des Gesetzes Erfüllung» (Vers 10). Die Liebe tritt also nicht etwa an die Stelle des Gesetzes. Auch meint das Gesetz «erfüllen» nicht es «überflüssig machen». Das Gesetz wird vielmehr dadurch erfüllt, dass man es tut und so anerkennt. Die Schutzgebote der zweiten Tafel legen also beispielhaft aus, was es heißt, seinen Nächsten zu lieben. Umgekehrt fasst die Liebe alle Einzelweisungen des Gesetzes zusammen. Deshalb zitiert Paulus gerade diese Auswahl.

7. Das «natürliche Gesetz»: Der Dekalog in der Alten Kirche

Der Dekalog vor Konstantin

Der Dekalog spielte kaum eine herausragende Rolle, solange die christliche Gemeinde hauptsächlich aus Judenchristen bestand, denen er vertraut war. Größere Bedeutung erhielt der Dekalog wohl erst im Leben heidenchristlicher Gemeinden, und zwar bei der Verteidigung gegenüber allerlei Vorwürfen. Mit ihm hatte man ein «Gesetz», das älter war als die Gesetze der Heiden. Das Christentum ist also keine neumodische und deshalb verdächtige Angelegenheit, sondern fußt auf höchst ehrwürdigen Prinzipien, so Clemens v. Alexandrien in seiner Werbeschrift für das Christentum als wahre Philosophie *(Der Erzieher)*. Vor allem die zweite Tafel durfte auch bei Nichtchristen auf Zustimmung zählen. Mit dem Dekalog konnte man aber auch heidnischer Polemik entgegentreten, die den Christen zügellose Promiskuität, Tötung kleiner Kinder und jedes abscheuliche Verhalten vorwarf.

Indes sind die Zehn Gebote kaum in der christlichen Apologie beheimatet. Das älteste nichtchristliche Zeugnis für die mutmaßliche Heimat im Leben der Gemeinde stammt von Plinius dem Jüngeren, der römischer Statthalter in Bithynien war. In einem Brief, den er um 112 an Trajan schrieb *(Briefe* 10,96), fragt er den Kaiser, wie er mit Christen verfahren solle, weil sich «die Seuche dieses Aberglaubens» nicht nur über die Städte, sondern auch über Dörfer und Felder verbreite. In den Verhören sei lediglich herausgekommen, dass sich die denunzierten Christen «an einem bestimmten Tage vor Sonnenaufgang» versammeln und «Christus als ihrem Gott einen Wechselgesang» singen. Dabei verpflichten sie sich eidlich, «keinen Diebstahl, Raubüberfall oder Ehebruch zu begehen, ein gegebenes Wort nicht zu brechen, eine angemahnte Schuld nicht abzuleugnen». Die Reihe der Vergehen entspricht ungefähr den Geboten V–X, wenn auch in anderer Reihenfolge und mit ungewohnten Entfaltungen. Bei dem «Eid» könnte es sich um das Taufgelübde handeln. Für einen Taufgottesdienst spricht auch der Termin zu Sonnenaufgang, während der reguläre Gemeindegottesdienst mit Mahl am Abend stattfindet, wie Plinius in den Verhören erfahren hat.

Wenn auch die Einzelheiten dunkel bleiben, so geht doch aus dem Brief hervor, dass der Dekalog – wenigstens dessen zweite Tafel – im Gemeindeleben eine Rolle gespielt haben muss.

Die Taufunterweisung als christlicher Sitz im Leben für den Dekalog wird auch von der Didache nahegelegt, einer frühchristlichen Schrift aus der Mitte des 2. Jahrhunderts. Sie zielt in ihrem ersten Teil auf Taufe und Abendmahl. Daran schließen sich eine Gemeindeordnung und ein Ausblick auf das Ende der Tage an. Der «Weg des Lebens» beginnt mit dem Doppelgebot der Gottes- und der Nächstenliebe sowie der negativ formulierten Goldenen Regel (1,2). Darauf folgt eine Reihe von Verboten, die denen der zweiten Tafel des Dekalogs entsprechen (2,2–7). Es liegt nahe, die literarische Abfolge von den Zehn Geboten zu Taufe und Abendmahl als biographischen Weg vom Heiden zum Christen zu deuten und damit den Dekalog zu den elementaren Stücken der Taufunterweisung zu zählen.

Freilich war man sich stets bewusst, dass Jesus den Dekalog nicht einfach übernommen, sondern ihn in den Antithesen der Bergpredigt in seiner Bedeutung ausgeweitet und radikalisiert hat. So stellt sich die Frage, welche Rolle das Gesetz und mit ihm der Dekalog, ja das ganze Alte Testament im Christentum überhaupt noch spielen können. Angesichts der Ambivalenzen kann es kaum verwundern, dass der Dekalog in der alten Kirche (bis auf Augustin) eher beiläufig aufgegriffen als zentral behandelt wird. Muss nicht von ihm wie vom Alten Testament überhaupt gelten: Für immer abgetan? Vor noch nicht achtzig Jahren hat der große Kirchenhistoriker und Wissenschaftsorganisator Adolf von Harnack diese Frage gestellt und dringend empfohlen, endlich entsprechende Konsequenzen zu ziehen. Beinahe wäre es schon im 2. Jahrhundert so weit gekommen, denn im Ringen um den Weg des Christentums und in der Reflexion des Glaubens waren «gnostische» und verwandte Bewegungen innerhalb der Gemeinden außerordentlich erfolgreich. So entwickelte der reiche Reeder und Überseekaufmann Markion aus Sinope, Mitglied der Gemeinde in Rom, erstmals in der Geschichte der Kirche einen geschlossenen Kanon biblischer Schriften. Dabei löste er die produktive Spannung zwischen Gesetz und Evangelium auf, verwarf mit dem Gesetz das gesamte Alte Testament und reinigte das Neue Testament von allem, was er für jüdische Einträge hielt. So blieben bei ihm lediglich das Lukasevangelium und zehn Paulusbriefe übrig. Darüber kam es zum Bruch mit der Gemeinde in Rom. Im Jahr 144 gründete er eine eigene Gegenkirche, die zunächst auch Zulauf hatte. Die christliche Mehrheitskirche hielt jedoch am Alten Testament fest. Sie grenzte am Ende alle jene Strömungen aus ihrer Mitte aus, weil sie durch die gnostischen Vorstellungen eines Dualismus oder einer monarchisch gestuften Göttlichkeit die monotheistische Gotteslehre gefährdet sah. Damit stand die Frage nach der christlichen Bedeutung des Gesetzes weiter auf der Tagesordnung. In der Auseinandersetzung mit der Gnosis gewann der Dekalog neue Bedeutung. Mochten viele Gesetze des Alten Testaments befremden, weil sie überholt sind, so konnte man doch gerade an ihm zeigen, dass Gottes Wille nicht nur vernünftig, sondern auch gut ist. Deshalb unterschied Bischof Irenäus aus Lyon (2. Jahrhundert) den Dekalog als «natürliche Vorschriften», die für Juden und Christen verbindlich bleiben, von den übrigen alttestamentlichen Geboten, die allein Israel gelten.

Die Bestimmung des Dekalogs, insbesondere dessen zweiter Tafel, als «natürliche Vorschriften» oder «natürliches Gesetz» ist für die weitere Wirkungsgeschichte des Dekalogs entscheidend geworden. Die Vorstellung ist zweifellos älter. So unterschied die Stoa ein Naturrecht der Triebe von einem zweiten der Vernunft. Die christlichen Apologeten greifen diesen stoischen Gedanken vom «Vernunftgesetz» auf, den schon Philo mit der Tora verbunden hatte, wenden ihn aber allein auf den Dekalog. Dessen zweite Tafel erinnert lediglich daran, was das natürliche Gesetz sagt. Der Apologet Justin (gest. 165) beschreibt in seinem Dialog mit dem Juden Tryphon das Phänomen ganz zutreffend so: Jede Generation weiß sehr wohl auch ohne Gesetzbuch, dass Ehebruch, Unzucht, Mord und alle anderen derartigen Handlungen Sünde sind. Selbst der Sünder weiß, dass er Unrecht tut. Er lässt sich überdies das, was er anderen antut, selbst nicht gefallen. Was Justin Gott jeder Generation neu verkünden lässt, hat nach Tertullian (ungefähr 160–220) Gott schon dem ersten Menschenpaar im Paradies mit dem Verbot gegeben, die Früchte des Baumes in der Mitte des Gartens zu essen. In ihm sind alle Vorschriften enthalten, die später mit dem Doppelgebot der Liebe und dem Dekalog entfaltet werden. Daraus folgert er, es habe vor dem auf Tafeln geschriebenen Dekalog ein «ungeschriebenes Gesetz» gegeben, das «auf dem Wege der Natur erkannt und schon von den Vätern beachtet wurde». Auch Origenes unterscheidet das «Naturgesetz», das von Gott gegeben ist, von dem jeweiligen Landesrecht, das in den einzelnen Ländern sehr verschieden sein kann. Das «Gesetz Gottes» aber steht über dem geschriebenen, das Menschen gegeben haben.

Die Deutung des Dekalogs als Ausdruck des Naturrechts hat eine weite Wirkung entfaltet. Sie reicht über Thomas von Aquin bis in die Naturrechtslehre der Neuzeit. Wo die Verbote der zweiten Tafel des Dekalogs naturrechtlich gedeutet werden, entfällt am Ende die Notwendigkeit, diese Forderungen auf die entsprechenden biblischen Texte zu beziehen oder sie gar aus der Bibel abzuleiten. Denn nicht mehr die biblische Bezeugung sichert deren Autorität, sondern allein die rationale Evidenz und Plausibilität derartiger Forderungen. Deshalb hat der Dekalog außerhalb der Katechismustradition der Kirchen kein größeres Interesse mehr gefunden. Entsprechend wird seine Wirkung in der europäischen Kulturgeschichte nach Luther immer marginaler.

Katalog der «Pflichten» oder «Gesetz der Gnade»

Nachdem im Jahr 313 Konstantin Religionsfreiheit förmlich gestattet und 380 Theodosius eine bestimmte Form des Christentums als einzige legitime Religion erklärt hatte, vollzog sich relativ rasch der «volle Eintritt des Christentums in die Öffentlichkeit» (Hans Lietzmann). Auf dem Wege zur Großkirche war man aus dem Schatten des Judentums als des älteren Bruders herausgetreten. Auch die Auseinandersetzungen mit den gnostischen Geschwistern im eigenen Hause waren bestanden. Deshalb wird das Verhältnis der Kirche zum Alten Testament unproblematischer. Man liest es selbstverständlich christlich und findet im Dekalog selbst, was man ihm früher entgegenstellte. Diese Veränderungen lassen sich exemplarisch an zwei herausragenden Theologen zu Beginn des sogenannten «konstantinischen Zeitalters» zeigen.

Die Rezeption des Dekalogs in der europäischen Geistesgeschichte hat Ambrosius, Bischof von Mailand, entscheidend beeinflusst. Er schrieb um 390 die erste größere Darstellung einer christlichen Ethik, die schon im Titel ihre geistige Herkunft nicht verleugnet: *Über die Pflichten der Diener* (der Kirche). Das für den Klerus in Mailand bestimmte Werk folgt seinem berühmten Vorgänger, Ciceros *Von den Pflichten*, bietet aber eine Lehre von den Pflichten auf dezidiert christlicher Basis, ausgerichtet auf das ewige Leben als ihr Ziel. Ambrosius übernimmt von Cicero die Unterscheidung zwischen «mittleren» und «vollkommenen» Pflichten und erläutert diese an der Geschichte vom reichen Jüngling. Jesus antwortet auf die Frage nach dem ewigen Leben, indem er die zweite Tafel des Dekalogs mit dem Gebot der Nächstenliebe als Summe zitiert. Diese mittleren (oder unvollkommenen) Pflichten zielen lediglich auf das Vermeiden von Übeltaten. Jesus aber fährt fort: Willst du vollkommen (!) sein, so verkaufe alle deine Güter und gib sie den Armen, und du wirst einen Schatz im Himmel haben. Ebenso mahnt er in der Bergpredigt, die zu segnen, die verfluchen. «Das nun ist die vollkommene Pflicht ... Durch sie gelangt alles, was irgendwie zu Fall kommen konnte, zur Besserung.» Ambrosius unterscheidet also die Gebote des Dekalogs *(praecepta)*, die unbedingten Gehorsam fordern, von den Empfehlungen *(consilia)*, die den Menschen auch in der Art ihrer Befolgung freie Wahl lassen. Die Werke der Barmherzigkeit gehören zu den vollkommenen Pflichten. Nur mit diesen kann man sich Verdienste erwerben. Wer dagegen die Zehn Gebote hält, handelt nicht verdienstvoll, denn er tut nur das, was er zu tun als Mensch schuldig ist.

Ambrosius steht mit seiner Unterscheidung auf dem Boden der Bibel und in der Tradition, die dem Dekalog als Ausdruck des natürlichen Gesetzes das vollkommene Gesetz Christi in der Bergpredigt gegenüberstellt. Neu ist jedoch die Deutung des Dekalogs im Lichte der Pflichtenlehre. Das hat Fernwirkungen bis in die Gegenwart. Es liegt auf dieser Linie, wenn Hans Küng Verbote der zweiten Tafel des Dekalogs in seinen Katalog von Menschenpflichten einbezieht, mit denen er ein interkulturelles Weltethos formulieren will.

Von Ambrosius zu Augustinus ist es biographisch nur ein kleiner Schritt. Augustinus wurde 354 in Nordafrika geboren. Nach bewegter Jugend ging er als Lehrer der Rhetorik nach Mailand, wo er sich schließlich 387 von Ambrosius taufen ließ. Zehn Jahre später wurde er Bischof in der Hafenstadt Hippo Regius in Nordafrika. Dort starb er 430 während der Belagerung durch die Vandalen. Er ist der Theologe der Spätantike mit der intensivsten Wirkung über das Mittelalter hinaus bis in die Neuzeit.

Augustin steht in der Tradition, die den Dekalog mit dem natürlichen Gesetz verbindet. Gewissen und Vernunft sagen jedem Menschen nichts anderes, als er aus den Zehn Geboten erfährt (*Auslegung der Psalmen* 57,1). Die Gebote der zweiten Tafel treten nicht nur von außen an den Menschen heran, sondern sind immer schon in seinem Gewissen. Weil er aber seinem Gewissen nicht folgt, ruft sie Gott mit dem Dekalog in Erinnerung. Gegen den Einwand des Manichäers Faustus, es handle sich beim Dekalog doch nur um das Gesetz des Gottes der Juden, weist er auf Jesu Aufnahme der Gebote in der Bergpredigt hin, aber auch auf die schlichte Erfahrung, dass kein menschliches Zusammenleben gelingt, wenn sie nicht befolgt werden (*Gegen Faustus* 15,4.7). Kein Gebot des Dekalogs, abgesehen vom Sabbatgebot, ist für Christen aufgehoben (*Geist und Buchstabe* 23). Weil aber Gott selbst sie in die Herzen geschrieben hat, ist mit ihnen Gottes Geist im Menschen am Werk. «Durch seine Gegenwart wird die Liebe in unseren Herzen ausgegossen, und die ist die Erfüllung der Gesetze und das Ende der Vorschrift» (36). Mit Christus ist also das Gesetz kein anderes geworden, wohl aber das Verhältnis der Menschen zu ihm, der Gesetzesgehorsam. Augustinus bringt sein neues Verständnis in enger Anlehnung an Paulus auf die einprägsame Formel: So ist «das Gesetz also gegeben worden, damit die Gnade gesucht werde, die Gnade (aber) wurde gegeben, damit das Gesetz erfüllt werde» (34). Der «neue Mensch» ist dem gnadenlosen Gesetz gestorben und lebt fortan unter dem Gesetz, das durch Christus zur Gnade geworden ist.

Auf diese Weise überwindet Augustinus erstmals den Gegensatz zwischen dem «neuen Gesetz Christi» in der Bergpredigt und dem im Dekalog zusammengefassten Gesetz des alten Bundes, indem er den Dekalog als «Gesetz der Gnade» deutet. Zu diesem Zweck legt er den Dekalog vom Doppelgebot der Liebe her aus und verteilt ihn – nicht ohne Anhalt am biblischen Text – so auf die beiden Tafeln, dass er die ersten drei Gebote auf Gott, die übrigen sieben auf den Nächsten bezieht (*Fragen zu Exodus* II, 71,1–2). Dabei rechnet er die Selbstvorstellung mit dem Verweis auf die Herausführung aus Ägypten nicht zum Dekalog, zieht das Bilderverbot zum Fremdgötterverbot als dessen Auslegung und zerlegt dann die Verbote des Begehrens (wegen der Wiederholung des Verbs) in das neunte und zehnte. Die Gebote der ersten Tafel legt er trinitarisch aus (vgl. *Predigten* 8): das Fremdgötterverbot auf Gott, den Vater und Schöpfer, das Verbot des Namensmissbrauchs auf Jesus Christus, den Sohn, das Sabbatgebot auf die ewige Ruhe im Heiligen Geist (zuweilen auch auf den Gottesdienst). Mit der Verbindung von Dekalog und Doppelgebot der Liebe konnte er an Vorbilder im Neuen Testament anknüpfen. So fasst schon Paulus in Röm 13,8–10 die Eltern und Nächsten betreffenden Gebote am Schluss mit dem Gebot der Nächstenliebe zusammen. Aber Augustinus verknüpft beide zu einer sich gegenseitig auslegenden sachlichen Einheit: «Die zehn Gebote beziehen sich ... auf jene zwei, dass wir Gott und den Nächsten lieben sollen, und jene beiden beziehen sich auf eines [gemeint ist die Goldene Regel] ... Dort sind die zehn, dort sind auch die zwei enthalten» (9,14). Wenig später heißt es: «Jenes eine Gebot enthält also die zwei, jene zwei enthalten die zehn, jene zehn enthalten alle» (9,16). So erscheint der Dekalog als Entfaltung der Liebe und das Doppelgebot als Zusammenfassung des gesamten Gesetzes.

Mit dieser Neuinterpretation hat Augustinus die abendländische Geistesgeschichte über Thomas von Aquin und Martin

Luther hinaus nachhaltig beeinflusst. Thomas (1224–1274) löst in seiner *Summa theologiae* die Geltung des Dekalogs ganz von seinem geschichtlichen Ort am Sinai. Aus einer schlichten Beobachtung am biblischen Text zieht er überraschende Folgerungen: Die Bibel unterscheidet den Dekalog von allen anderen Vorschriften des Gesetzes dadurch, dass allein ihn Gott selbst dem Volk mitteilt. «Daher gehören jene Vorschriften zum Dekalog, deren Kenntnis der Mensch durch sich selbst (!) von Gott (!) hat. Das sind jene, die sofort aus den ersten, allgemeinen Grundsätzen (der Vernunft) erkannt werden können.» Die Offenbarung der Zehn Gebote fand zwar in grauer Vergangenheit am Sinai statt, aber sie ereignet sich stets neu, wenn sich die Plausibilität der Gebote dem Menschen erschließt. Sie verpflichten Nichtjuden nur, sofern sie allgemeiner menschlicher Einsicht evident zu machen sind, nicht weil Gott sie dem jüdischen Volk am Sinai gegeben hat. Damit kommt der Dekalog als Ausdruck des Naturrechts auf überraschende Weise neu zur Geltung.

Vom Sabbat zum Sonntag

Von den Zehn Geboten spielte in der Alten Kirche das Sabbatgebot stets eine Sonderrolle, weil es sich – besonders mit der Erinnerung an die Sklavenexistenz in Ägypten im Deuteronomium – einer Interpretation im Sinne des für alle Menschen verbindlichen natürlichen Gesetzes nicht fügt. Auch berichten die Evangelien von Konflikten Jesu mit Juden über die Beachtung des Sabbats. Vor allem aber feiert man selbst Gottesdienst am Sonntag, nicht am Sabbat. So stellt sich die Frage: Wie sollen Christen mit dem jüdischen Sabbat umgehen? Heute fragen zuweilen Juden, vor allem aber die Siebenten-Tags-Adventisten, warum die christlichen Kirchen die in der Bibel von Gott gebotene Sabbatheiligung durch den Sonntag ersetzt haben. Wie ist es zur Ablösung des Sabbats durch den Sonntag gekommen?

Die Jerusalemer Urgemeinde nahm zunächst weiterhin am Tempelkult teil und hielt sich wahrscheinlich auch an den Sabbat. Das galt auf jeden Fall für judenchristliche Gemeinden, die bis ins 4. Jahrhundert hinein bezeugt sind. Eusebius (der erste

Kirchenhistoriker, gest. 340) berichtet, dass die Ebionäer den Sabbat und die jüdischen Gebräuche beachten, daneben aber auch «die Tage des Herrn feiern zur Erinnerung der Auferstehung des Erlösers». Erst die heidenchristlichen Gemeinden haben weder den Sabbat gehalten noch die Beschneidung praktiziert.

Die Anfänge des «Sonntags» liegen im Dunkeln. Der Name ist vorchristlich. In christlichem Kontext begegnet er erstmals bei Justin (*Apologie* 1,67,3). Anders als der Sabbat, der als Tag vollkommener Arbeitsruhe begangen wurde, war der Sonntag bis zum Anfang des 4. Jahrhunderts ein Arbeitstag. Deshalb versammeln sich die Christen sonntags am frühen Morgen zu Taufen (und Unterricht?) und erst am Abend zur Eucharistie im Rahmen einer Mahlzeit. Die ältesten sicheren Belege für christliche Gottesdienste am Sonntag stammen aus dem frühen 2. Jahrhundert und behandeln sie als etwas, das schon lange selbstverständlich ist. Im Barnabasbrief (um 130) erscheint der Sonntag als achter (!) Tag, den die Christen als Freudentag begehen, weil Jesus an ihm von den Toten auferstanden ist (15,9). Das dürfte auch der Grund für die christliche Neuerung gewesen sein, den Sonntag gottesdienstlich zu begehen. Die abendliche Eucharistiefeier am Sonntag knüpft nicht an das letzte Abendmahl Jesu an, das an einem Donnerstagabend stattfand, sondern an die Berichte von den Erscheinungen des auferstandenen Herrn am Osterabend mit Mahlfeiern (Lk 24; Joh 20,19.26). Das im Brief des Plinius erwähnte kaiserliche Verbot von Vereinen könnte auch erklären, warum die gottesdienstliche Mahlfeier am Sonntagabend aufgegeben und auf den Sonntagmorgen verlegt wurde. Diese Praxis bezeugt vielleicht Justin mit seinem Hinweis auf die nur begrenzt zur Verfügung stehende Zeit – weil man danach arbeiten musste.

Die Abkehr vom Sabbat rechtfertigte man durch den Hinweis auf die Erzväter Abraham, Isaak und Jakob, die bleibende Vorbilder des Glaubens geworden sind, ja – wie Abraham – sogar «Freund Gottes» genannt werden, obwohl sie doch die den Kult betreffenden Gesetze des Mose noch gar nicht kennen konnten.

Irenäus und andere zogen eine symbolische Deutung vor: Der Sabbat sei nur ein Zeichen dafür, dass der «Dienst für Gott den ganzen Tag dauert» (4,16,1); unter dem neuen Gesetz Christi komme es nicht darauf an, mit der Arbeit, sondern mit dem Sündigen aufzuhören. Das sei die Weise, wie Christen das Sabbatgebot beachten. Die vielleicht tiefsinnigste Erklärung hat Augustinus gegeben, der eine bildliche Auslegung des Dekalogs nur beim Sabbatgebot für unerlässlich hält. Der Sabbat beziehe sich nicht auf Müßiggang, sondern auf «geistige Ruhe». Der Sonntag sei dagegen der erste Tag der Woche, der zugleich der achte ist. Er erfüllt den Sabbat als siebten Tag, indem er ihn überbietet und über die Ruhe am Ende der Schöpfung hinaus auf Gottes Ewigkeit weist (*Predigten* 9,6).

Die folgenreichste Umdeutung hat Kaiser Konstantin bewirkt, als er am 3. März 321 den Sonntag zum Tag allgemeiner Ruhe von allen Arbeiten und Geschäften erklärte, an dem nur Feldarbeit und Freilassungen von Sklaven erlaubt waren. Wie schon die Erlaubnis der Feldarbeit zeigt, hatte der Kaiser schwerlich an das jüdische Sabbatgebot gedacht. Speziell christenfreundlich war das kaiserliche Sonntagsgesetz auch nicht, denn der Tag der Sonne spielte auch in anderen paganen Kulten eine Rolle. Erst am Ende des 4. Jahrhunderts setzte eine kirchliche Deutung der Arbeitsruhe am Sonntag im Sinne der Sabbatruhe ein, die den Sonntag immer stärker zum christlichen Sabbat machte. Das ist er im säkularen Gewande bis heute – jedenfalls in Deutschland – geblieben. Das Grundgesetz der Bundesrepublik Deutschland bestimmt mit Art. 139 der Weimarer Reichsverfassung von 1919: «Der Sonntag und die staatlich anerkannten Feiertage bleiben als Tage der Arbeitsruhe und der seelischen Erhebung gesetzlich geschützt.» Deshalb finden Zwangsvollstreckungen und Gerichtsverhandlungen am Sonntag nicht statt.

8. Der «rechte Weg»:
Spuren der Zehn Gebote im Koran

Mose und das Gesetz im Koran

Der Koran erwähnt viele biblische Gestalten, am häufigsten Mose. Dabei liegt das Gewicht der Darstellung jedoch nicht, wie man aus der Bibel erwartet, auf Mose als Mittler der Gesetze. Er erscheint im Koran durchgehend als Gottes Gesandter und als Prophet in einer einzigartigen Nähe zu Gott. Er trägt den Ehrentitel «der von Gott Angesprochene» (vgl. Sure 4,164 und 7,144). Diese Züge sind dem biblischen Mose gewiss nicht fremd, haben aber im Koran besondere Farben. Mose wird von Gott dazu gesandt, den Monotheismus zu predigen und vor dem kommenden Strafgericht zu warnen (Sure 25,35–37). Dazu erhält er von Gott «die Schrift» oder «das Buch». Der Inhalt der Schrift wird nicht weiter ausgeführt, unterscheidet sich bei den Gesandten aber nicht in der Sache, sondern in der Gestalt der göttlichen Botschaft: Mose erhält die Tora (die wohl auch mit den Tafeln in Sure 7,145 gemeint ist), David den Psalter, Jesus das Evangelium. Er ist zwar wie alle Gesandten zu einem bestimmten Volk, eben zu Israel, gesandt, hat aber als «Prophet» von vornherein «internationale» Funktionen. Als Erwählter reiht er sich in die Heilsgeschichte von Noah über Abraham und Jesus ein, an deren Ende nun als Letzter der Gesandte und Prophet Mohammed selbst steht (Sure 33,7). Mose und Jesus haben ihn schon angekündigt, wie Sure 7,157 in kühner Auslegung von Tora (Dtn 18,15) und Evangelium (Joh 15,26) nahelegt.

Gesetzliche Bestimmungen aller Art führt der Koran auf Gott direkt zurück. Das gilt selbst für die speziell den Juden wegen ihres Ungehorsams auferlegten Speiseverbote (Sure 6,146–147) oder für das allein ihnen geltende Sabbatgebot (Sure 4,154). Nie teilt Mose im Koran den Wortlaut gesetzlicher Bestimmungen mit. Zwar werden bei der Erinnerung an den Sinai in Sure 7 am Rande auch «Tafeln» erwähnt (7,145), der Dekalog ist mit den Tafeln jedoch nicht gemeint, denn Gott stellt den Inhalt in die Disposition des Volkes: «Befiehl deinem Volk, sie sollen sich an das Beste davon halten!» Keine der an den Dekalog erinnernden Gebotsreihen des Koran wird mit Mose verbunden. Das kann doch nur heißen, dass diese Gebotsreihen universale Gültigkeit haben und allen Menschen gelten. Deshalb sind sie auch nach dem Gebot der Alleinverehrung Gottes rein sozialethisch ausgerichtet.

Die Gebotsreihen und ihre Adressaten

Obwohl im Grunde das Bekenntnis zu dem einen Gott genügt, um ein *muslim* zu werden, enthält der Koran zahlreiche Anordnungen und gesetzliche Regelungen, zum Teil in längeren Aufzählungen. Von ihnen heben sich die beiden Kataloge in den Suren 6,151–153 und 17,22–39 deutlich ab. Nur hier markieren Einleitungsformeln die folgenden Anweisungen deutlich als Reihe und stilisieren sie ausdrücklich als Gottesrede, was doch ohnehin schon für den gesamten Koran gilt. Inhaltlich handelt es sich um Zusammenfassungen, die an die Zehn Gebote erinnern. Der Dekalog muss also bekannt gewesen sein. Die Tradition setzt beide Reihen in die mekkanische Zeit Mohammeds und hält die kürzere für eine jüngere Zusammenfassung von Sure 17,22–39.

Dem Dekalog am nächsten steht die Reihe in Sure 6:

[151] Sag: Kommt her! Ich will (euch) verlesen, was euer Herr euch verboten hat:

1 Ihr sollt ihm nichts (als Teilhaber an seiner Göttlichkeit) *beigesellen*.
2 Und zu den *Eltern* (sollt ihr) gut sein.
3 Und ihr sollt nicht eure Kinder wegen Verarmung *töten* – wir bescheren ihnen und euch (den Lebensunterhalt).
4 Und ihr sollt euch auf keine *abscheulichen Handlungen* einlassen, (gleichviel) was davon äußerlich sichtbar oder verborgen ist,

5 und niemand *töten*, den (zu töten) Gott verboten hat, außer wenn ihr dazu berechtigt seid.
Dies hat Gott euch verordnet. Vielleicht würdet ihr verständig sein.

6 [152] Und tastet das *Vermögen der Waise* nicht an, es sei denn auf die (denkbar) beste Art! (Lasst ihr Vermögen unangetastet) bis sie volljährig geworden ist (und selber darüber verfügen darf)!

7 Und gebt volles *Maß und Gewicht*, so wie es recht ist!
Von niemand verlangen wir mehr, als er (zu leisten) vermag.

8 Und wenn ihr eine *Aussage* macht, dann seid gerecht, auch wenn es ein Verwandter sein sollte (gegen den ihr auszusagen habt)!

9 Und erfüllt die *Verpflichtung*, (die ihr) gegen Gott (eingeht)!
Dies hat er euch verordnet. Vielleicht würdet ihr euch mahnen lassen.

Die Bewohner Mekkas unterscheiden sich von den Empfängern der Gebote am Sinai beträchtlich. Beide Reihen setzen mit dem Hauptgebot ein: «Setze nicht Gott einen anderen Gott zur Seite, damit du nicht der Hölle verfällst, getadelt und verworfen!» (vgl. Sure 17,22.39 mit 6,151) Schon in einer der ältesten Suren wirft Mohammed seinen Hörern vor, in Selbstherrlichkeit (96,6) und Undankbarkeit zu verharren. Dieser Vorwurf richtet sich vor allem gegen die Bürgerschaft der Handelsstadt Mekka, die seit dem 6. Jahrhundert den gesamten Handel von Südarabien bis nach Gaza und Damaskus kontrolliert. Verdankt sie nicht ihren ganzen Wohlstand Gott (auf arabisch: *Allah*), der Mekka groß und seine Bürger reich gemacht hat? Und doch verehren sie nicht nur den «Herrn der *Ka͑aba*», sondern neben ihm Göttinnen wie *al-Lat*, *al-Uzza* und *Manat*. Der schwarze Stein, Gottes Heiligtum, war im Laufe der Zeit zur Heimstatt von mehr als dreihundert (Stammes-)Gottheiten geworden, so dass jeder Fremde in Mekka seine angestammten Götter zur Hand hatte, in einer Handelsmetropole ein praktischer Vorteil. Von diesem Treiben distanziert sich Mohammed schroff: «Ihr Ungläubigen! Ich verehre nicht, was ihr verehrt, und ihr verehrt nicht, was ich verehre ... Ihr habt eure Religion, und ich die meine.» (Sure 109,1–2)

Die reichen Handelsherren lassen es an Solidarität fehlen. Sie kennen weder Gerechtigkeit noch Barmherzigkeit und machen ihren Profit zum Maß aller Dinge. Dem müssen sich auf den Märkten Maße und die Gewichte der Waage beugen. Deshalb heißt es: «Gebt, wenn ihr zumesst, volles Maß und wägt mit der richtigen Waage!» (Vgl. Sure 17,35 mit 6,152) Besonderen Gefahren ist die Vormundschaft ausgesetzt, vor allem wenn der Vormund selber in wirtschaftliche Bedrängnis gerät: «Was meinst du wohl von dem, der das Gericht (das den Menschen angedroht ist) für Lüge erklärt? Das ist der, der die Waise wegstößt und (die Seinen) nicht dazu anhält, dem Armen (etwas) zu essen zu geben.» (Sure 107,1–3) «Nein! Ihr seid nicht freigebig gegen die Waise und ... zehrt vielmehr das Erbe (eurer Schützlinge) vollständig auf und liebt Hab und Gut über alles.» (Sure 89,17.19–20) Dagegen steht Gottes Gebot: «Gib dem Verwandten, was ihm zusteht, ebenso dem Armen ... Tastet das Vermögen der Waise nicht an, es sei denn auf die beste Art, bis sie volljährig geworden ist!» (Vgl. Sure 17,26.34 mit 6,152)

Mohammed weiß sich nicht nur an die wohlhabenden Händler in Mekka gesandt, er wendet sich auch an die nicht wenigen beduinischen Familien in der mekkanischen Gesellschaft. Gegen das beduinische Ideal grenzenloser Gastfreundschaft bis zum eigenen wirtschaftlichen Ruin predigt er Besonnenheit im Geben: «Aber sei nicht verschwenderisch! Diejenigen, die verschwenderisch sind, sind Brüder der Satane. Und der Satan ist seinem Herrn gegenüber undankbar ... Strecke (deine Hand) nicht vollständig aus (indem du hemmungslos Geschenke austeilst), damit du schließlich nicht getadelt und (aller Mittel) entblößt dasitzt.» (Sure 17,26–27.29) Aus der Lebensweise beduinischer Stämme erklären sich das Verbot, Neugeborene – insbesondere Mädchen – aus Angst vor Verarmung zu töten, wie auch die Warnung vor maßloser Blutrache (Sure 17,31.33).

Zwar berühren sich die Verbotsreihen im Koran durchaus mit dem Dekalog, allerdings haben sie nicht zehn, sondern lediglich neun oder sogar elf Glieder. Das dürfte Absicht sein. Sechs der Verbote in Sure 6 kennen wir der Sache nach und in ähnlicher Abfolge aus dem Dekalog, drei gehen über ihn hinaus, und vier aus dem Dekalog fehlen. Aufschlussreich sind vor allem die fehlenden Glieder. Dass Bilderverbot, Missbrauch des Gottesnamens und das Sabbatgebot fehlen, weist auf einen grundsätzlich anderen Charakter dieser Reihen hin. Sie nennen ausschließlich religiös-soziale Pflichten gegenüber dem Mitmenschen, keine religiöse Pflichten gegenüber Gott. Die sind anderwärts formuliert. Was der Dekalog absichtsvoll miteinander verbindet, wird hier getrennt.

Das Götzen- und Kultbildverbot ergibt sich ohnehin aus dem Gebot der Alleinverehrung Gottes, jedoch gibt es kein förmliches Bilderverbot. Islamische Rechtsgelehrte haben es später aus Sure 59,23–24 abgeleitet. Die Argumentation mit der Erhabenheit des Schöpfers erinnert an Ex 20,4. Eine generelle Ablehnung figürlicher Abbildungen hat sich im profanen Bereich nicht durchgesetzt. Wie bilderfreundlich der Islam ursprünglich war, kann man an den zahlreichen bebilderten Handschriften sehen.

Den Namen Allahs beim Schwören zu missbrauchen, verbietet Sure 2,224–225. Das Fehlen des Sabbatgebots hängt mit einem gänzlich anderen Verständnis von Gott und Schöpfung zusammen: Das Ruhen des Schöpfers am siebten Tag nach dem Sechstagewerk wird in Sure 50,38–39 als «Ermüdung» gedeutet und deshalb scharf zurückgewiesen. Schöpfung ist im Koran zudem kein einmaliger Akt «am Anfang», sondern Gott erschafft die Welt in jedem Augenblick neu, so dass schon unser Dasein ein Ruhen Gottes Lügen straft. Deshalb kann es im Islam kein allgemeines Sabbatgebot geben. Gott hat es allein den Juden auferlegt wegen ihrer Sünde vor dem Goldenen Kalb (Sure 4,154). An die Stelle des Sabbats tritt für die Muslime das Freitaggebet mit einem Verbot des Handels und der Geschäfte, allerdings nur für die Zeit des Gebets am Mittag (Sure 62,9–10).

Vergleicht man abschließend die beiden Reihen mit dem Dekalog, so fallen trotz thematischer Nähe grundlegende Unterschiede auf. Zwar enthalten einzelne Gebote auch im Dekalog Erweiterungen unterschiedlicher Art, aber sie verwischen den gleichsam in Stein gemeißelten statuarischen Charakter nicht. Die Adaptionen im Koran sind dagegen Predigten. In Sure

6,151–153 wird das durch die refrainartigen Abschlüsse jedes Verses bewirkt, in Sure 17,22–39 durch die Motivationen und Erläuterungen. Mit Recht hat man darauf hingewiesen, dass den dekalogartigen Geboten im Koran jede Radikalität fremd ist und dass diese eher an einem praktischen Mittelweg orientiert sind. So soll die Fürsorge für die Verwandten und Armen nicht zur Verarmung des Wohltäters führen. Die Blutrache wird in Sure 17,33 schon deshalb nicht abgeschafft, weil es gar keine staatliche Sanktionsgewalt gab, aber sie wird stark eingeschränkt. Spielten im Dekalog weniger die Gesinnung als die Tat die entscheidende Rolle, so legen die Reihen im Koran allen Nachdruck auf die innere Haltung. Aufschlussreich ist in dieser Sache das Elterngebot, das in Sure 17,25 so endet: «Euer Herr weiß sehr wohl, was ihr in euch bergt. (Er erkennt) falls ihr rechtschaffen seid (euren guten Willen an, auch wenn ihr seinen Geboten nicht durchweg nachzukommen vermögt). Dem Bußfertigen ist er bereit zu vergeben.» Nicht Bewahrung der Freiheit durch Bindung an Gott ist der Ton, auf den die dekalogartigen Reihen im Koran gestimmt sind, sondern die «Forderung nach Selbstbegrenzung des Menschen angesichts der Gott allein gehörenden Größe» (Angelika Neuwirth).

9. «Handwerksregeln» eines Christen: Die Zehn Gebote bei Luther

Die Zehn Gebote spielten im Mittelalter keine besondere Rolle. Erst seit dem 13. Jahrhundert kamen sie im Rahmen der Beichtpraxis zunehmend in Gebrauch. Ihre Popularität verdanken sie vor allem Martin Luther (1483–1546). Noch während der Arbeit am «Deutsch Catechismus», den man seit 1544 den «Großen» nennt, begann er mit der Ausarbeitung des «Kleinen Katechismus». Es handelt sich bei ihm nicht um einen Auszug aus dem Großen, sondern um einen eigenständigen Text. Er richtet sich mit seinen einprägsamen Formulierungen ursprünglich an die Hausväter, um ihnen bei der täglichen Unterweisung der Familie und des Gesindes zu helfen.

Am Ende des 15. Jahrhunderts gehörten vier Stücke zum Lehrbestand der Unterweisung: Glaubensbekenntnis, Vaterunser, Zehn Gebote und Ave Maria. Luther knüpft an die mittelalterliche Tradition an. Aber er setzt bezeichnend neue Akzente, indem er das Ave Maria streicht und den Dekalog mit Bedacht an die Spitze vor das Glaubensbekenntnis und das Vaterunser stellt: Die Zehn Gebote lehren, was der Mensch tun und lassen soll; der Glaube sagt, was Gott tut und gibt; das Vaterunser zeigt, wie der Mensch die Gnade Gottes «begehren, holen und zu sich bringen soll». Die Gebote, für sich allein genommen, sind unerfüllbar. Deshalb bedarf es des Glaubens. In dessen Zentrum steht der zweite Artikel: «Gottes Barmherzigkeit, in Christus erzeigt und angeboten.»

Die Zehn Gebote sind für Luther darin unersetzbar, dass mit ihnen Gott selbst an das «natürliche Gesetz» erinnert, das er allen Menschen mit der Schöpfung ins Herz gesenkt hat: «Was Mose geschrieben hat in den Zehn Geboten, das fühlen wir natürlich in unserem Gewissen.» (WA 16,431) Aber wozu braucht es dann noch die Gebote, wenn sie nichts Anderes sagen, als Gott mit dem «natürlichen Gesetz» allen Menschen ins Herz geschrieben hat? Luther sieht scharf, dass der Mensch stets dazu neigt, sein Gewissen niederzuhalten. Darum ruft Gott mit den Zehn Geboten das natürliche Gesetz in Erinnerung und weckt das Gewissen mit ihnen auf. Als diese Erinnerung hat der Dekalog einen Vorzug vor allen anderen Gesetzen auf Erden: Nirgends sind «die natürlichen Gesetze so fein und ordentlich ... verfasst als in Mose» (WA 18,81). Hier steht Luther ganz in der Tradition der Alten Kirche.

Auch er sieht deutlich, dass der Dekalog neben dem natürlichen Gesetz noch andere Elemente enthält. Hat Gott uns aus Ägypten herausgeführt? Gehört nicht der Sabbat zum jüdischen Kultgesetz? Im Hinblick auf die allein Israel geltenden Elemente ist der Dekalog nichts anderes als «der Juden Sachsenspiegel» (WA 24,9). Luther hält am buchstäblichen Sinn der Gebote fest und deutet sie nicht symbolisch um. Bedeutung kann der

Dekalog für Christen und Heiden nur haben, insoweit er mit dem natürlichen Gesetz identisch ist. In dieser Hinsicht haben die Zehn Gebote bleibende Gültigkeit, sind sie doch «ein Spiegel unseres Lebens, darinnen wir sehen, woran es uns fehlt» (WA 24,14).

Aus dieser Unterscheidung gewinnt Luther einen erstaunlich freien Umgang mit dem Text des Dekalogs. Aus der Funktion, das natürliche Gesetz im Gewissen zu erwecken, folgt die Notwendigkeit, aus dem Dekalog alles zu entfernen, was allein zur Rechts- und Kultordnung Israels gehört. Deshalb streicht er aus der Präambel die Erinnerung an die Herausführung aus Ägypten und übergeht das Bilderverbot, das er im Fremdgötterverbot enthalten sieht. Er deutet das Sabbatgebot auf den Feiertag um und ersetzt die Verheißung langen Lebens im Lande Kanaan durch die eines langen Lebens auf Erden. Auf diese Weise können die Zehn Gebote universale Bedeutung beanspruchen.

Luther folgt Augustinus, indem er die beiden Tafeln mit dem Doppelgebot der Liebe auslegt. Allerdings hat für ihn die erste Tafel eine besondere Bedeutung; denn allein in diesen drei Geboten handelt Gott mit uns und wir mit ihm «ohne Vermittlung irgendeiner Kreatur» (WA 6,229). Dabei ordnet er das Bilderverbot ganz dem ersten Gebot als dessen Spezialfall unter.

Die Verbote der zweiten Tafel schützen je ein besonderes Gut des Nächsten: Leib und Leben, Weib und Kind, Geld und Gut, Ehre und guten Ruf. Die Verbote des Begehrens verteilt er auf das neunte und zehnte Gebot, hat aber Schwierigkeiten, ihr besonderes Profil gegenüber den Kurzverboten des Stehlens und des Ehebrechens zu schärfen, weil er diese sehr weit auslegt. In jedem Fall deutet er die Verbote der zweiten Tafel als Mauern, mit denen Gott den Nächsten vor uns schützen will.

Luther entfaltet in beiden Katechismen alle Gebote außer dem ersten und dem sechsten negativ und positiv. Mit den «sieben Seligkeiten» aus Mt 5,3–9, mit den «sieben Werken der Barmherzigkeit» aus Mt 25,42 f. und mit den «Früchten des Geistes» aus Gal 5,22 standen der Tradition zahlreiche Möglichkeiten zur Verfügung, die Erfüllung der Gebote auch positiv zu erläutern. Luther nimmt dieses Verfahren auf und führt es außerordentlich reflektiert durch. Dadurch entzieht er nach dem Vorbild der Antithesen in der Bergpredigt Jesu jedes Gebot einer rein formalen Erfüllung. Die Gebote zielen nicht nur auf Schadensabwehr, sondern auf Hilfe für den Nächsten und seine Förderung. So werden die Zehn Gebote zu «Quellborn und Röhre, aus denen und in denen alles quellen und sich bewegen muss, was gute Werke sein sollen, so dass außer den Zehn Geboten kein Werk oder Wesen gut und Gott gefällig sein» kann (EB 2,83 f.).

Größte Bedeutung hat für Luther das Erste Gebot. Schon in der Bibel steht es allen anderen gegenüber, weil es als einziges mit Drohung und Verheißung versehen ist (Ex 20,5b–6). Luther trägt der Sonderstellung dadurch Rechnung, dass er aus der Präambel die Huldformel «Ich bin der Herr, dein Gott» nimmt und sie mit dem Verbot «Du sollst keine anderen Götter haben neben mir» verbindet. Im Kleinen Katechismus hebt er es durch die singuläre Erklärung «Wir sollen Gott über alle Dinge fürchten, lieben und vertrauen» heraus, die er bei der Erklärung jedes Gebots am Anfang verkürzt zitiert. Außerdem verwendet er das gesamte Kopfstück des Dekalogs (Ex 20,2–6) als Rahmen für die Zehn Gebote im Ganzen: Die Huldformel «Ich bin der Herr, dein Gott» und das Fremdgötterverbot eröffnen sie; Drohung und Verheißung aus Ex 20,5–6 bilden den Abschluss.

In den Erklärungen zu jedem einzelnen Gebot erweist sich Luther als ein geradezu seismographischer Leser des Bibeltextes. Er hat ein sicheres Gespür für den ursprünglichen Wortsinn und für die von den Einzelgeboten erfassten Lebenssituationen. Aus dem Gegenüber von Gott und Mitmensch in den beiden Tafeln erwächst die Nächstenliebe als ethische Grundregel. Mit ihr gelingt es Luther, jedes der zehn Gebote auf die veränderten Lebenssituationen seiner Welt auszulegen.

Luther hat die Zehn Gebote für «den höchsten Schatz» gehalten, den Gott gegeben hat (EB 2,87). Dreihundert Jahre später lässt Theodor Fontane in seinem Roman *Ellernklipp* Pfarrer Sörgel in der letzten Katechismusstunde zu seiner Konfirmandin sagen: «Du hast die zehn Gebote, Hilde. Die halte. Denn die haben alles: den ewigen Gott und den Feiertag, und du sollst Vater und Mutter ehren, und haben das Gesetz, das uns hält und ohne das wir schlimmer und ärmer sind als die ärmste Kreatur. Ja, Kinder, wir haben viel hohe Bergesgipfel; aber der, auf dem Moses stand, das ist der höchste. Der reicht bis in den Himmel ...»

Schon der Dekalog in der Bibel vermittelt größtenteils kein Sonderethos Israels. Er bringt vielmehr – vor allem auf der zweiten Tafel – das zur Geltung, was immer und überall gilt. Das hat schon Philo gesehen und das haben auch die Kirchenväter mit Recht festgehalten. Luther führt diesen Ansatz konsequent zu Ende, indem er die Zehn Gebote insgesamt als Ausdruck des «natürlichen Gesetzes» deutet. Er ist darin erstaunlich modern. Denn er trägt mit seiner Auslegung der berechtigten Forderung nach allgemeiner Plausibilität Rechnung, der ethische Aussagen in einem weltanschaulich neutralen Staat genügen müssen, wenn sie gesellschaftlich relevant sein sollen.

10. Epilog:
Zehn Gebote, Menschenrechte und Menschenpflichten

An der bischöflichen Tafel im Palast zu Bamberg sitzt Olearius, Doctor beider Rechte, und preist das *corpus iuris* Kaiser Justinians aus dem Jahre 529: «Man möcht's wohl ein Buch aller Bücher nennen, eine Sammlung aller Gesetze; bei jedem Fall der Urteilsspruch bereit; und was ja noch abgängig oder dunkel wäre, ersetzen die Glossen, womit die gelehrtesten Männer das vortrefflichste Werk geschmückt haben.» Der Abt fällt ein: «Eine Sammlung aller Gesetze! Potz! Da müssen wohl auch die Zehn Gebote drin sein.» Darauf Olearius: «*Implicite* wohl, nicht *explicite*.» Recht hat er und mit ihm Goethe, der diese Szene im ersten Akt seines *Götz von Berlichingen* erfunden hat. Die Zehn Gebote stehen in keinem Gesetzbuch. Aber selbst wenn sie den Weg in eine Rechtssammlung gefunden haben wie beispielsweise in die des angelsächsischen Königs Alfred im

9. Jahrhundert, haben sie keine inhaltliche Bedeutung für das Recht. Denn Dekalog, Goldene Regel und das Doppelgebot der Liebe stehen dort in einem Prolog, der von den eigentlichen Gesetzen deutlich abgesetzt ist. Das positive Recht erscheint so allenfalls als konkrete Umsetzung des im Dekalog gefassten göttlichen Rechts, eine das Recht gestaltende Funktion haben die Zehn Gebote nicht. Zwischen den Zeilen findet man sie freilich in den Rechtssammlungen immer wieder. Denn was die zweite Tafel des Dekalogs verbietet, gehört zu den Tatbeständen, die das Strafrecht in immer komplizierteren Bestimmungen bis in die Gegenwart beschäftigt. Zuweilen hat man sogar versucht, das Strafrecht nach den Zehn Geboten zu systematisieren, ist aber bald davon abgekommen, weil diese Systematik der Komplexität der Tatbestände nicht gerecht wird.

Die Zehn Gebote und die biblische Verbindung von Recht und Ethos begegnen in der Neuzeit dort, wo man es nicht ohne weiteres erwartet. Die Losung der Französischen Revolution «Freiheit, Gleichheit, Brüderlichkeit» erscheint in Artikel 2 der französischen Verfassung vom 24. Juni 1793 in der Gestalt von «Gleichheit, Freiheit, Sicherheit, Eigentum». Das liest sich wie eine Zusammenfassung der Predigt des deuteronomischen Gesetzes und seines «Bruderethos». Die Verfassung vom 22. August 1795 nach dem Sturz der Diktatur der Jakobiner versteht sich ausdrücklich als eine «Erklärung der Rechte und Pflichten (!) des Menschen und des Bürgers». Artikel 2 der Pflichten stellt die negative und positive Fassung der Goldenen Regel als Grundsätze voran, die «von der Natur in alle Herzen eingegraben» ist: «Tut anderen nicht, was ihr nicht wollt, dass man euch tue. Erweist andern beständig das Gute, welches ihr selbst zu erhalten wünscht.» Leider gleitet der Pflichtenkatalog nach diesen Grundsätzen mit seinen Mahnungen, ein guter Sohn, Vater, Bruder, Freund und Gatte zu sein, in Plattheiten ab. Er hätte besser sein können, denn mit der Goldenen Regel hatte schon Augustinus den Dekalog zusammengefasst und lange vor ihm der weise Sirach (Sir 31,15), Jesus (Mt 7,12) und Rabbi Hillel (bSchab 31a) die gesamte Tora. Die Goldene Regel wurde von der antiken Popularphilosophie gebraucht und war bis nach

China verbreitet, aber in die französische Verfassung ist sie aus der biblischen Tradition gekomen.

In den Traditionen von Bibel, Aufklärung und Französischer Revolution steht die *Allgemeine Erklärung der Menschenrechte*, die am 10. Dezember 1948 von den Vereinten Nationen angenommen wurde. In Artikel 1 heißt es: «Alle Menschen sind frei und gleich an Würde und Rechten geboren. Sie sind mit Vernunft und Gewissen begabt und sollen einander im Geist der Brüderlichkeit begegnen.» Der letzte Satz wahrt mit der Berufung auf die Vernunft das Erbe der Aufklärung und mit der Verpflichtung auf den Geist der Brüderlichkeit das anfängliche Ideal der Französischen Revolution. Der erste Satz aber erinnert mit der Würde, die allen Menschen in gleicher Weise zukommt, an die Grundbestimmung des Menschen in der Bibel: Jeder Mensch ist als «Gottes Bild» geschaffen (Gen 1,26–27). Darauf berufen sich Juden und Christen. In ihrer naturrechtlichen Deutung gehört diese Bestimmung zu den Grundzügen des abendländischen Menschenbilds und hat sogar Eingang ins Grundgesetz gefunden: «Die Würde des Menschen ist unantastbar.»

Indem die Menschenrechte formulieren, was sein soll, enthalten sie von Anfang an ein gehöriges Maß an ethischen Impulsen. Aus Rechten erwachsen Pflichten, sonst bleiben Rechte leere Ansprüche, die noch dazu jeder gegen jeden ausspielt. Recht und Ethos müssen zwar unterschieden, dürfen aber keinesfalls geschieden werden, sonst wird am Ende das Recht zerstört, wie die Erfahrungen im 20. Jahrhundert zeigen. Deshalb ergriff im Vorfeld des 50. Jahrestages der Annahme der Allgemeinen Menschenrechtserklärung durch die Vereinten Nationen der InterAction Council unter seinem Ehrenvorsitzenden Helmut Schmidt die Initiative, die Menschenrechte mit globalen ethischen Standards zu ergänzen. Die lose Verbindung früherer Staats- und Regierungschefs wurde 1983 zur Förderung und Verbesserung der internationalen Zusammenarbeit gegründet. Ihm gehören ungefähr 30 Mitglieder an. Unter Mitarbeit von Hans Küng, der seit Jahren mit dem «Projekt Weltethos» beschäftigt ist, legte der InterAction Council schließlich am 1. September 1997 eine *Allgemeine Erklärung der Menschenpflichten* vor. Sie orientiert sich in der Form an der Menschenrechtserklärung von 1948. Im Inhalt nimmt sie die Erklärung des 2. Parlaments der Weltreligionen von 1993 auf.

Die Erklärung hat fünf Teile. Im ersten stehen mit der Forderung «Jeder Mensch muss menschlich behandelt werden» und mit der Goldenen Regel zwei Prinzipien der Humanität voran. Sie bilden den ethischen Orientierungsrahmen, der von den vier folgenden Teilen ausgefüllt wird. Diese nehmen vier Verbote der zweiten Tafel des Dekalogs auf. Sie werden jeweils positiv und negativ entfaltet. Ihre Auswahl trägt dem Anspruch Rechnung, von allen Menschen gleich welcher Herkunft, Religion, Geschlecht usw. akzeptiert werden zu können.

Das Verbot «Du sollst nicht töten!» erscheint unter der Überschrift «Gewaltlosigkeit und Ehrfurcht vor dem Leben» (Art. 5–7) in der *«Pflicht, Leben zu achten»*. Das schließt das Recht auf gerechtfertigte Selbstverteidigung nicht aus. Unbedingter Schutz gilt Menschen, weil «jede Person unendlich kostbar» ist. Ehrfurcht vor dem Leben schließt aber auch den Schutz der Tiere und der Umwelt ein. «Alle Menschen haben die Pflicht, Luft, Wasser und Boden um der gegenwärtigen Bewohner und der zukünftigen Generationen willen zu schützen.» (Art. 7)

Das Verbot «Du sollst nicht stehlen!» lässt sich wiedererkennen in der *«Pflicht, sich integer, ehrlich und fair zu verhalten»*, die unter dem Titel «Gerechtigkeit und Solidarität» behandelt wird (Art. 8–11). Eigentum verpflichtet zu Anstrengungen, «Armut, Unterernährung, Unwissenheit und Ungleichheit zu überwinden» (Art. 9). Umgekehrt haben alle Menschen die Pflicht «ihre Fähigkeiten durch Fleiß und Anstrengung zu entwickeln» (Art. 10).

Unter dem Titel «Wahrhaftigkeit und Toleranz» (Art. 12–15) erscheint das Verbot «Du sollst nicht falsch Zeugnis reden wider deinen Nächsten!» in der *«Pflicht, wahrhaftig zu reden und zu handeln»*. Das schließt den verantwortlichen Gebrauch der Freiheit der Medien (Art. 14) ebenso ein wie die Religionsfreiheit (Art. 15). Dabei wird den Repräsentanten der Religionen ausdrücklich zur Pflicht gemacht, «Vorurteile und diskriminierende Handlungen gegen Andersgläubige zu vermeiden» sowie

«Toleranz und gegenseitige Achtung unter allen Menschen zu fördern».

Der letzte Teil gilt «gegenseitiger Achtung und Partnerschaft»: Alle Männer und alle Frauen haben die *«Pflicht, einander Achtung und Verständnis in ihrer Partnerschaft zu zeigen»* (Art. 16–18). Das Verbot des Ehebruchs, das in seiner besonderen biblischen Ausprägung an eine bestimmte Lebenswelt gebunden ist, scheint hier in der Welt des 21. Jahrhunderts angekommen zu sein. Artikel 18 spricht ausdrücklich von «gegenseitiger Liebe, Achtung, Wertschätzung und Sorge» im Verhältnis von Eltern und Kindern.

Unter der Kategorie «Pflichten» hatte einst Bischof Ambrosius von Mailand in seiner Ethik die Zehn Gebote behandelt, deren zweite Tafel auch hinter der *Allgemeinen Erklärung der Menschenpflichten* von 1997 steht. Das ist nur möglich, weil schon das hellenistische Judentum, das frühe Christentum, Thomas von Aquin und schließlich Luther die Zehn Gebote als «natürliches Recht» gedeutet haben. An das, was allen Menschen ins Herz geschrieben ist, können auch alle Menschen erinnert werden. Ohne diese Verpflichtung im Gewissen hören wir auf, Menschen zu sein.

Nachweise der Zitate

S. 7 f.: H. Rauschning, in: Vorwort zu *The Ten Commandments*, New York 1943, übersetzt von K. Hamburger in: Th. Mann, Das Gesetz. Dichtung und Wirklichkeit, Frankfurt/M. 1964, S. 201 f.

S. 8 f.: Th. Mann, Das Gesetz, in: Ders., Erzählungen, Berlin(-Ost) 1955, S. 864–933; Ders., Politische Schriften und Reden 3, Frankfurt/M. 1968, S. 251.

S. 9 f.: N. Larisch, Gerichtshaus Bremen. Baugeschichte, Handwerkskunst, Allegorie, Bremen 1985, S. 34 f. – Zu den Dekalogtafeln vor oder in öffentlichen Gebäuden der USA: F. W. Graf, Moses Vermächtnis. Über göttliche und menschliche Gesetze, München 2006, S. 60–64.

S. 10 f.: F. D. E. Schleiermacher, Idee zu einem Katechismus der Vernunft für edle Frauen, in: Die Zehn Gebote. Eine Reihe mit Gedanken und Texten, hg. v. H. Albertz, Bd. 12, Stuttgart 1989, S. 84–85; Die Zehn Gebote der sozialistischen Moral, in: Ebd., S. 100.

S. 12 f.: J. W. von Goethe, Die Wahlverwandtschaften (18. Kapitel), in: Goethes Werke. Hamburger Ausgabe in 14 Bänden, Bd. 6, S. 481 ff.

S. 13: Dieter Hildebrandt laut P. Sandmeyer und Chr. Alvensleben, Die neuen Zehn Gebote. Welche Werte heute wichtig sind, in: STERN Nr. 52 vom 19.12.2001, S. 62.

S. 22 ff.: Der Codex Hammurapi wird zitiert in der Übersetzung von R. Borger, aus: *Texte aus der Umwelt des Alten Testaments*, Bd. I, Gütersloh 1982, S. 39–80.

S. 29: Der babylonische Talmud wird zitiert in der Übersetzung von L. Goldschmidt, Der babylonische Talmud, 9 Bde., Berlin 1897–1935, Bd. 7, S. 606 (Makkot 24a).

S. 34: J. Calvin, Unterricht in der christlichen Religion. *Institutio Christianae Religionis*, übersetzt und bearbeitet von O. Weber, Neukirchen-Vluyn 1955. – Der Heidelberger Katechismus, in: Evangelische Bekenntnisse. Bekenntnisschriften der Reformation und neuere Theologische Erklärungen, hg. v. R. Mau, Teilband 2, Bielefeld 1997, S. 131–177.

S. 41: L. Perlitt, Bundestheologie im Alten Testament (WMANT 36), Neukirchen-Vluyn 1969, S. 86.

S. 44: R. Smend, Das Gesetz im Alten Testament (1981), in: Ders., Die Mitte des Alten Testaments. Exegetische Aufsätze, Tübingen 2002, S. 124.

S. 44 ff.: Die altorientalischen Texte werden, soweit nicht anders vermerkt, aus den Sammlungen *Texte aus der Umwelt des Alten Testaments* (= TUAT), Bde. I–III, Gütersloh 1982–2001, und TUAT Neue Folge, Bde. I und II, Gütersloh 2004 und 2005, zitiert.

Nachweise der Zitate 123

S. 48 f.: P. Cornelius Tacitus, *Historiae*, Lateinisch – deutsch, hg. v. J. Borst, München ³1977, (5,13,1; 5,4,1). – Apollonius Molon bei: Josephus, *Contra Apionem*, in: Flavius Josephus, Kleinere Schriften übersetzt und mit Einleitung und Anmerkungen versehen von H. Clementz, Wiesbaden 1993, S. 170 und 157. – M. Tullius Cicero, Vom Wesen der Götter. Drei Bücher, lateinisch – deutsch, herausgegeben, übersetzt und erläutert von W. Gerlach und K. Bayer, München 1978, (II 12–13).

S. 49: F. D. E. Schleiermacher, Der christliche Glaube, Berlin ²1835, S. 43.

S. 50: M. Krebernik, M. Weinfelds Deuteronomiumskommentar aus assyriologischer Sicht, in: G. Braulik (Hg.), Bundesdokument und Gesetz, Freiburg 1995, S. 31.

S. 52: Übersetzt aus: *Neo-Assyrian Treaties and Loyalty Oaths*, ed. by S. Parpola und K. Watanabe (SAA II), Helsinki 1988.

S. 53: Handbuch der althebräischen Epigraphik (= HAE), Bd. I: J. Renz, Die althebräischen Inschriften, Darmstadt 1995, S. 61 und 207–211.

S. 55 f.: Die Mischna ins Deutsche übertragen, mit einer Einleitung und Anmerkungen von D. Correns, Wiesbaden 2005, S. 577 (Traktat Aboda zara 3,4).

S. 58 f.: Der Text der Tafel BBS 36 findet sich auszugsweise übersetzt bei: A. Berlejung, Die Theologie der Bilder. Herstellung und Einweihung von Kultbildern in Mesopotamien und die alttestamentliche Bilderpolemik (OBO 162), Fribourg 1998, S. 141–149.

S. 61: Hekataios von Abdera u. a. in der Sammlung: *Greek and Latin Authors on Jews and Judaism*. Ed. with Introductions, Translations and Commentary by Menahem Stern, 3 Bde., Jerusalem 1974–1984, Bd. 1, S. 26 ff. – Flavius Josephus, *Contra Apionem*, I 198 f., und Tacitus, *Historiae* 5,9 (s. o. zu S. 48 f.).

S. 64: Flavius Josephus, *De Bello Iudaico*. Der Jüdische Krieg. Griechisch und Deutsch. Herausgegeben und mit einer Einleitung sowie mit Anmerkungen versehen von O. Michel und O. Bauernfeind, 3 Bde., Darmstadt 1962–1969, Bd. II/1, S. 141 (5,216–219).

S. 65: Flavius Josephus, Jüdische Altertümer. Übersetzt und mit Einleitung und Anmerkungen versehen von H. Clementz, Wiesbaden ⁸1989, S. 152 (*Antiquitates Iudaicae* III 5,5).

S. 66: Eine etwas andere Übersetzung des Anfangs von Enuma Elisch bei W. G. Lambert in: TUAT, Bd. III, S. 569.

S. 67: Didache. Zwölf-Apostel-Lehre, übersetzt und eingeleitet von Georg Schöllgen (FC 1), Freiburg ²1992, S. 25–139.

S. 73: W. Caspari, Die Bedeutungen der Wortsippe *kbd* im Hebräischen, Leipzig 1908, S. 34.40.

S. 74: Die Texte aus Nuzi und Ugarit bespricht R. Albertz, Hintergrund und Bedeutung des Elterngebots im Dekalog (1978), in: Ders., Geschichte und Theologie. Studien zur Exegese (BZAW 326), Berlin 2003, S. 157–186.

S. 75: Auszüge aus der Mahnrede des Isokrates bringt H. Jungbauer, «Ehre Vater und Mutter» (WUNT II/146), Tübingen 2002, S. 144.

S. 79: Eine Übersetzung des Codex Hammurapi durch R. Borger findet sich in: TUAT, Bd. I, S. 39–79.

S. 83: G. Wallis, Artikel *ḥamad*, ThWAT II, Stuttgart 1977, Sp. 1024.

S. 85: Josephus, *Antiquitates* 11, S. 298 ff. (s. o. zu S. 65).

S. 86 f.: Zum Dekalog der Samaritaner: J. Zangenberg, SAMAREIA. Antike Quellen zur Geschichte und Kultur der Samaritaner in deutscher Übersetzung (TANZ 15), Tübingen 1994, S. 183 f.

S. 89 f.: N. Meisner, Der Aristeasbrief, in: Jüdische Schriften aus hellenistisch-römischer Zeit, Bd. II/1, Gütersloh 1973, S. 35–87 (§ 131–133; 168; 171).

S. 90 f.: Philo, *De Decalogo*, in: Philo von Alexandria, Die Werke in deutscher Übersetzung hg. von L. Cohn u. a., Berlin 1962, Bd. I, S. 369–409 (Über den Dekalog); Ders., *De specialibus legibus*, in: Bd. II, S. 3–314 (Über die Einzelgesetze).

S. 90: G. Stemberger, Der Dekalog im frühen Judentum, in: Jahrbuch für Biblische Theologie, Bd. 4: «Gesetz» als Thema Biblischer Theologie, Neukirchen-Vluyn 1989, S. 93.

S. 91 ff.: Josephus, *Antiquitates* (s. o. zu S. 65), bes. S. 152 f. (III 89–94).

S. 92: U. Kellermann, Der Dekalog in den Schriften des Frühjudentums. Ein Überblick, in: H. Graf Reventlow (Hg.), Weisheit, Ethos und Gebot. Weisheits- und Dekalogtraditionen in der Bibel und im frühen Judentum (BThSt 43), Neukirchen-Vluyn 2001, S. 147–226, bes. S. 182 und 177.

S. 93: Zum Papyrus Nash s. U. Kellermann, in: H. Graf Reventlow (Hg.), Weisheit, Ethos und Gebot, Neukirchen-Vluyn 2001, S. 211 f.

S. 94: Mischna, Traktat Tamid 5,1 (s. o. zu S. 55 f.), S. 752, Traktat Sanhedrin 11,3, S. 527); Talmud (s. o. zu S. 29), Bd. 1, S. 41 f. (Traktat Berachot 12); Pesiqta Rabbati 21,19.4, in: A. Wünsche, Bibliotheca Rabbinica III, Leipzig 1882, S. 147 und 143.

S. 98: Gaius Plinius Caecilius Secundus, Briefe. Lateinisch – deutsch. Ed. Helmut Kasten, München [4]1979, S. 640–645. – Justin, in: Die Apologeten. Ausgewählt und übersetzt von H. Ristow (Quellen Heft 2/I), Berlin 1963, S. 21–94 (Apologie I an Antoninus Pius).

S. 99: Didache (s. o. zu S. 67).

S. 100: Irenäus von Lyon, *Adversus haereses*. Gegen die Häresien, Buch IV, übersetzt und eingeleitet von N. Brox (FC 8/4), Freiburg 1997, S. 8–99. 102–103 (13,2.4), S. 122–123 (16,4).

S. 100 f.: Des heiligen Philosophen und Martyrers Justinus Dialog mit dem Juden Tryphon aus dem Griechischen übersetzt und mit einer Einleitung versehen von Ph. Haeuser (Bibliothek der Kirchenväter), München 1917, S. 153–155 (93,1). – Tertullian, *Adversus Iudaeos*, in: Tertullians private und katechetische Schriften neu übersetzt, mit Lebensabriss und Einleitungen versehen von K. A. H. Kellner (Bibliothek der Kirchenväter), München 1912, S. 304 (*Adv. Iud.* 2). – Des Origenes acht Bücher gegen Celsus aus dem Griechischen übersetzt von P. Koetschau (Bibliothek der Kirchenväter), München 1927, Teil II, S. 57 (5,37).

S. 102: Des heiligen Kirchenlehrers Ambrosius von Mailand Pflichtenlehre und ausgewählte kleinere Schriften übersetzt und eingeleitet von J. E. Niederhuber (Bibliothek der Kirchenväter), München 1917, S. 28-29 (I 11,37).

S. 103 f.: Aurelius Augustinus, Geist und Buchstabe. *De spiritu et littera liber unus.* Übertragen von A. Forster OSB, München 1968, S. 67.65. – Augustinus, *Quaestionum in Heptateuchum libri VII* (CSEL XXVIII/2), Wien u. a. 1895, S. 135-140. – Augustinus von Hippo, Predigten zu den Büchern Exodus, Könige und Job (*sermones* 6-12). Einleitung, Text, Übersetzung und Anmerkungen von H. R. Drobner (Patrologia, Bd. 10), Frankfurt/M. 2003, S. 114-119.136-139 (*sermo* 8,4-6.18), S. 190-191.194-195 (*sermo* 9,14.16).

S. 105: Thomas von Aquin, Vollständige, ungekürzte deutsch-lateinische Ausgabe der *Summa Theologica*, Bd. 13: Das Gesetz (q. 90-105). Kommentiert von O. H. Pesch, Graz u. a. 1977, S. 202 (q. 100 a. 3 resp.).

S. 105 f.: Eusebius von Caesarea, Kirchengeschichte. Hg., eingeleitet und übersetzt von H. Kraft, Ph. Haeuser, H. A. Gärtner, München 1967, S. 177 f. (*Hist.* III 27). – Irenäus (s. o.), S. 116-117. – *Codex Iustinianeus* und *Codex Theodosianus,* in: Kirchen- und Theologiegeschichte in Quellen. Bd. I: Alte Kirche. Ausgewählt, übersetzt und kommentiert von A. M. Ritter, Neukirchen-Vluyn ⁶1994, S. 125.

S. 108 ff.: Die Texte aus dem Koran werden zitiert nach: Der Koran. Übersetzung von Rudi Paret, Stuttgart ²1980.

S. 113: A. Neuwirth, Der Koran – Mittelpunkt des Lebens der islamischen Gemeinde, in: Weltmacht Islam (Bayerische Landeszentrale für politische Bildungsarbeit), München 1988, S. 69-91, hier: S. 83.

S. 114 f.: Martin Luther, Werke. Kritische Gesamtausgabe, Weimar 1883 ff. (= WA): WA 7,204 f.; WA 16,431 (Predigt 24.9.1525); WA 24,9.14 (Eine Unterrichtung, wie sich die Christen in Mose sollen schicken, 1527). – Alle Luther-Zitate sind behutsam modernisiert.

S. 115 f.: WA 6,229 (Von den guten Werken, 1520). – Evangelische Bekenntnisse. Bekenntnisschriften der Reformation und neuere Theologische Erklärungen, Teilband 2, hg. v. R. Mau, Bielefeld 1997 (= EB): EB 2,39-132 (Der Große Katechismus).

S. 116: Der Kleine Katechismus wird nach der leicht modernisierten Textgestalt in EB 2,16-19, zitiert. Die in Klammern gesetzten Teile kamen erst nach 1531 hinzu.

S. 116 f.: Theodor Fontane, Ellernklipp, in: Ders., Romane und Erzählungen in acht Bänden. Hg. v. P. Goldammer u. a., Berlin ²1973, Bd. 3, S. 285.

S. 117: Johann Wolfgang Goethe, Götz von Berlichingen mit der eisernen Hand, in: Goethes Werke. Hamburger Ausgabe in 14 Bänden. Textkritisch durchgesehen und mit Anmerkungen versehen von E. Trunz, Hamburg 1948 ff., Bd. 4, S. 94.

S. 118: Französische Verfassung vom 24. Juni 1793 und Verfassung der Französischen Republik vom 22. August 1795, in: Die Menschenrechte. Erklärungen, Verfassungsartikel, Internationale Abkommen. Mit einer Einführung hg. von W. Heidelmeyer (UTB 123), Paderborn 1972, S. 59.63–66.

S. 119: *Allgemeine Erklärung der Menschenrechte* vom 10. Dezember 1948, Artikel 1, in: Heidelmeyer, S. 240.

S. 120f.: Die *Allgemeine Erklärung der Menschenpflichten* des InterAction Council findet sich mit der *Erklärung zum Weltethos* des Zweiten Parlaments der Weltreligionen und anderen Dokumenten in: Dokumentation zum Weltethos. Hg. von H. Küng, München 2002, S. 97–106.

Literaturhinweise

Forschungsübersichten
W. H. Schmidt u. a., Die Zehn Gebote im Rahmen alttestamentlicher Ethik (EdF 281), Darmstadt 1993.
M. Köckert, Art. Dekalog, in: Das wissenschaftliche Bibellexikon im Internet (WiBiLex), hg. v. M. Bauks und K. Koenen, Stuttgart 2007.

Zu Recht und Gesetz
U. Manthe (Hg.), Die Rechtskulturen der Antike. Vom Alten Orient bis zum Römischen Reich, München 2003.
M. Köckert, Leben in Gottes Gegenwart. Studien zum Verständnis des Gesetzes im Alten Testament (FAT 43), Tübingen 2004.

Zählung und Komposition
Bo Reicke, Die Zehn Worte in Geschichte und Gegenwart, Beiträge zur Geschichte der biblischen Exegese, Bd. 13, Tübingen 1973.
N. Lohfink, Zur Dekalogfassung von Dtn 5 (1965), in: Ders., Studien zum Deuteronomium und zur deuteronomistischen Literatur I, Stuttgart 1990, S. 193–209.

Doppelüberlieferung und Entstehung der Reihe
F.-L. Hossfeld, Der Dekalog. Seine späten Fassungen, die originale Komposition und seine Vorstufen (OBO 45), Fribourg 1982.
A. Graupner, Zum Verhältnis der beiden Dekalogfassungen Ex 20 und Dtn 5. Ein Gespräch mit F.-L. Hossfeld, ZAW 99, 1987, S. 308–329.
R. G. Kratz, Der Dekalog im Exodusbuch, VT 44, 1994, S. 205–238.
Ch. Levin, Der Dekalog am Sinai, VT 35, 1985, S. 165–191.

Zu einzelnen Geboten
T. Veijola, Das 5. Buch Mose. Deuteronomium (ATD 8), Göttingen 2004.

E. Aurelius, Der Ursprung des Ersten Gebots, ZThK 100, 2003, S. 1–21.
M. Köckert, Wandlungen Gottes im antiken Israel, Berliner Theologische Zeitschrift 22, 2005, S. 3–36.
Ch. Uehlinger, Exodus, Stierbild und biblisches Kultbildverbot, in: Ch. Hardmeier (Hg.), Freiheit und Recht. FS Frank Crüsemann, Gütersloh 2003, S. 42–77.
Th. R. Elssner, Das Namensmissbrauch-Verbot (Ex 20,7/Dtn 5,11). Bedeutung, Entstehung und frühe Wirkungsgeschichte (EthSt 75), Leipzig 1999.
M. Köckert, Leben in Gottes Gegenwart (FAT 43), Tübingen 2004, S. 109–151 (zum Sabbatgebot).
H. Jungbauer, «Ehre Vater und Mutter» (WUNT II/146), Tübingen 2002.
F.-L. Hossfeld, «Du sollst nicht töten!» Das fünfte Dekaloggebot im Kontext alttestamentlicher Ethik, Stuttgart 2003.
E. Otto, Zur Stellung der Frau in den ältesten Rechtstexten des Alten Testaments (Ex 20,14; 22,15 f.) (1982), in: Ders., Kontinuum und Proprium. Studien zur Sozial- und Rechtsgeschichte des Alten Orients und des Alten Testaments (OBC 8), Wiesbaden 1996, S. 30–48.

Der Dekalog im Judentum
U. Kellermann, Der Dekalog in den Schriften des Frühjudentums, in: H. Graf Reventlow (Hg.), Weisheit, Ethos und Gebot (BThSt 43), Neukirchen-Vluyn 2001, S. 147–226.

Die Zehn Gebote im Christentum
A. Peters, Kommentar zu Luthers Katechismen, Bd. 1: Die Zehn Gebote, Göttingen 1990.
H. Deuser, Die Zehn Gebote. Kleine Einführung in die theologische Ethik, Stuttgart 2002.

Zehn Gebote und Menschenrechte
H. Küng, Projekt Weltethos, München 1990.

Bildnachweis

S. 23: O. Keel, Die Welt der altorientalischen Bildsymbolik und das Alte Testament, Neukirchen-Vluyn 1972, Nr. 390.
S. 32: © Bildarchiv Foto Marburg.
S. 59: O. Keel (s. o. zu S. 23), Nr. 239.
S. 93: E. Würthwein, Der Text des Alten Testaments, Stuttgart ⁴1973, S. 131.

Die beiden Fassungen des Dekalogs

Um den Vergleich zu erleichtern, sind alle Textbestände fett gedruckt, in denen sich beide Fassungen unterscheiden, fett und kursiv dagegen die Textüberschüsse nur einer Fassung.

Ex 20,2–17	Dtn 5,6–21
2 Ich bin Jhwh, dein Gott, der ich dich herausgeführt habe aus dem Land Ägypten, aus dem Sklavenhaus.	6 Ich bin Jhwh, dein Gott, der ich dich herausgeführt habe aus dem Land Ägypten, aus dem Sklavenhaus.
3 Du sollst nicht andere Götter haben an meiner Statt.	7 Du sollst nicht andere Götter haben an meiner Statt.
4 Du sollst dir kein Gottesbild machen *und zwar* keine Gestalt von dem, was am Himmel droben oder was auf der Erde unten oder was im Wasser unterhalb der Erde ist. 5 Du sollst sie nicht anbeten und dich nicht zu ihrem Dienst verleiten lassen; denn ich, Jhwh, dein Gott, bin ein eifersüchtiger Gott, der die Schuld der Väter heimsucht an den Kindern, an der dritten und vierten Generation, bei denen, die mich hassen, 6 der aber Treue erweist tausend (Generationen), denen die mich lieben und **meine** Gebote halten.	8 Du sollst dir kein Gottesbild machen, keine Gestalt von dem, was am Himmel droben oder was auf der Erde unten oder was im Wasser unterhalb der Erde ist. 9 Du sollst sie nicht anbeten und dich nicht zu ihrem Dienst verleiten lassen; denn ich, Jhwh, dein Gott, bin ein eifersüchtiger Gott, der die Schuld der Väter heimsucht an den Kindern *und* an der dritten und vierten Generation, bei denen, die mich hassen, 10 der aber Treue erweist tausend (Generationen), denen die mich lieben und **seine** Gebote halten.
7 Du sollst den Namen Jhwhs, deines Gottes, nicht zum Trug erheben; denn Jhwh wird den nicht freisprechen, der seinen Namen zum Trug ausspricht.	11 Du sollst den Namen Jhwhs, deines Gottes, nicht zum Trug erheben; denn Jhwh wird den nicht freisprechen, der seinen Namen zum Trug ausspricht.
8 **Gedenke** an den Tag des Sabbats, um ihn zu heiligen.	12 **Halte** den Tag des Sabbats, um ihn zu heiligen. *wie Jhwh, dein Gott, dir geboten hat.*